陈式太极拳械习练精要

CHENSHI TAIJIQUANXIE XILIAN JINGYAO

陈式太极剑习练精要

张富香 崔路明◎编著

河南科学技术出版社
·郑州·

内 容 提 要

本书采用一图、一意、一讲的拆架分解讲授方式，分别对陈式太极的单剑、双剑的身法、步法、手法，剑的运行路线、剑法招式，以及各个招式的习练要点等内容做了详尽的描述。

本书的最大特点，就是采用文字引路，图示说明，视频讲学，做到了图文视共进，通俗易懂，使读者一读即明、一视即仿、一练即会，是太极剑爱好者不可多得的剑法宝典，也是太极剑培训的首选教材。

图书在版编目（CIP）数据

陈式太极剑习练精要／张富香，崔路明编著．—郑州：河南科学技术出版社，2013.5

（陈式太极拳械习练精要）

ISBN 978-7-5349-6044-4

Ⅰ．①陈…　Ⅱ．①张…②崔…　Ⅲ．①剑术（武术）－套路（武术）－中国　Ⅳ．① G852.241.9

中国版本图书馆 CIP 数据核字（2012）第 320551 号

出版发行：河南科学技术出版社

地址：郑州市经五路 66 号　　邮编：450002

电话：（0371）65788633　65788613

网址：www.hnstp.cn

策划编辑：韩雅楠

责任编辑：司　芳

责任校对：耿宝文

封面设计：张　伟

版式设计：张　伟

责任印制：张艳芳

印　　刷：洛阳和众印刷有限公司

经　　销：全国新华书店

幅面尺寸：148 mm×210 mm　　**印张**：8.25　**字数**：210 千字

版　　次：2013 年 5 月第 1 版　　2013 年 5 月第 1 次印刷

定　　价：22.80 元（赠 DVD 光盘）

作者简介

张富香，女，汉族，大专学历，1967年出生于河南温县，陈式太极拳第十二代传人，国家一级裁判员、一级教练员、一级社会体育指导员，国际太极拳传播大使，中国太极拳优秀人才，中国武术协会会员，中国武术六段，中国武术段位指导员、考评员、武术技能管理员。她曾任温县太极武术馆副馆长兼教练、陈家沟太极拳推广中心教练、陈家沟太极拳功夫学校教练，现任富香武院院长兼总教练。

她做事执着，酷爱太极。利用太极拳发祥地的优势条件，在各位太极拳大师的精心指点和自身勤学苦练的基础上，她刻苦钻研太极拳理论，习练太极拳各路技艺，熟练掌握了太极拳的各种拳械套路，在太极拳的重大比赛中频频获奖，并多次担任河南省武术比赛和温县太极拳、剑、推手锦标赛的裁判工作，是太极拳之乡崛起的新一代巾帼新秀，被誉为“太极女杰”。

多年来，在太极拳非物质文化遗产的感召下，她奔波于全国各地，义务为大家传拳授艺，多次被邀请到机关和企、事业单位担任太极拳教练，桃李满天下。

崔路明，女，汉族，大学本科学历，1989年出生于河南温县，自幼随母亲练拳，多次随团外出进行拳术交流，现为国家二级运动员，国家二级裁判员，一级教练员，中国武术协会会员，中国武术五段。她曾在温县第十三届太极拳、剑推手锦标赛上，获女子陈式太极拳第一名，太极剑第一名；第四届国际焦作太极拳交流大赛女子青少年组陈式太极拳传统套路一等奖，太极短器械一等奖；2007年8月，获中国陈家沟太极拳邀请赛女子丙组传统陈式太极拳一等奖，太极剑一等奖，陈式太极拳规定套路第一名；2007年10月，获河南省青少年传统武术锦标赛女子青年组56式太极拳第二名；2011年8月，在中国焦作第六届国际太极拳年会上，任第四赛场裁判。

总序

太极拳是黄河与洛河交汇、冲击、浸润的结晶，在中原文化和中华智慧的映照下，中国武术因其深蕴的文化内涵而步入更高的境界。它以身体的韵律、姿态与神韵为语言讲述着中国古人对生命、对运动的理解，阐述着人体结构的自然规律和天人合一的哲理。它又是我国传统文化精髓与武术文化完美结合的产物，是凝聚传统文化光彩夺目的明珠，是中国几千年灿烂文化的非物质文化遗产。

太极拳具有极高的艺术性和科学性，它精奥细致、理论深厚、动作优美，整个套路的编排皆符合太极阴阳之理。要练好太极拳，一是要根据“练拳入门须口授”拜一位德高望重之师；二是要结合“久练为熟，久熟为巧，熟能生巧，巧能生精”的经验总结和老师的要领提示进行刻苦练习；三是要深悟太极之理、拳术之法，由招熟到懂劲，由懂劲入神明，这样才能领会太极拳的个中旨趣。

当前，在太极拳魅力的影响下，人们纷纷加入了练拳的行列。但在师少生多的情况下，急需拳理简明、通俗易懂的练拳辅导书。在此情况下，编者根据多年来的教拳经验和习练体会，结合前辈们的练拳宝典精髓，在摸索和实践中，潜思苦索，编著了这部“陈式太极拳械习练精要”丛书，旨在对太极拳暨太极文化进行挖掘和探索，为太极拳技艺的交流提供一个科学的信息平台，为太极拳爱好者提供通俗易懂的科普读物。

本套丛书共包括五个方面的内容。第一分册为《陈式太极拳新手初上路》，从最基本的基础动作到行拳走架、拆架、太极八法、缠丝等讲解，使初学者由浅入深、循序渐进地了解和掌握太极拳的手法、腿法和缠丝法，为学习拳架打下坚实的基础。

第二分册、第三分册分别为《陈式太极拳老架一路习练精要》、《陈式太极拳老架二路习练精要》。书中采用拆架、分式讲授的形式，力求使初学者弄清楚一招一式每个动作的来龙去脉，了解动作的基本要求，明白每个姿势的要领、角度和比较明显的重心变换。

第四分册为《陈式太极剑习练精要》。在这本器械类书中，分别对陈式太极单剑、双剑的基本手法和用法，以及各招式动作变换进行了详细讲解。

第五分册为《陈式太极拳技击法习练精要》。本书是前边各书精华的总结，是太极武术的精华。它通过“粘、连、黏、随”的技击法纲要，诠释了 “听、化、拿、发”的技击内涵，达到拳自心中出、手随意念生的技击神明。

该套丛书的最大特点，就是没有深奥的理论，采用了一图一意一讲的写作手法，以通俗易懂的说理、耐人寻味的语言、喜闻乐见的图文、活灵精湛的视频，力求使读者真切地感受到陈式太极拳（剑）的真正内涵和陈式太极拳（剑）技艺的魅力。书的内容新颖，层次分明，书中采用文字引路、图片说明、视频助教的传授方法，达到一看即明、一读即通、一练即会的学习效果，让读者有亲临讲学现场之感。

在编著此书的过程中，陈照森、陈二虎二位恩师给予了全方位的技术指导；龙腾对本书的插图和视频取材及编辑制作而不辞劳苦；各地的德高望重的太极拳老师、太极拳爱好者对本书的内容编排提出了诸多宝贵意见和建议；富香武院的全体师生给予了极大的支持和帮助；河南温县电视台、沁阳市电视台李婳、李永军领导，以及播音员祝冰、张睿、孙倩、苗芳为本书的配套视频讲解配音做出了应有的贡献。在此，一并表示衷心的感谢。

由于作者拳术知识及写作能力有限，著作之中难免有不妥之处，敬请广大读者不吝赐教和谅解。

编 者

2012年6月

前言

剑，起源于商代，历来被冠以“百刃之君”“短兵之王”，在我国数以百计的古兵器中始终占据着至尊地位，享有崇高的声誉。

剑在史料记载中被描述为由神龙变化而成，能放射“紫气”，时作“龙鸣”，具有“龙威天下”之神力。因此，在《庄子·说剑篇》中就有“直之无前，举之无上，按之无下，远之无旁。上决浮云，下绝地纪。此剑一用，匡诸侯，天下服矣”之句。在剑法的套路中，采用“龙”字命名的就有“青龙出水”“青龙摆尾”“乌龙摆尾”“罗汉降龙”等招式。由此可见，剑与龙有着密不可分的隶属关系。

在我国秦汉时期，人们就已经把攻防技击的剑术与供娱乐观赏的宫廷舞艺有机地结合在一起。唐代诗人李白既是一代诗仙又是舞剑好手，他的好友崔宗为他写下了“起舞拂长剑，四座皆扬眉”的诗句。所以，剑舞、赋诗和歌舞等文化艺术互相渗透结合，起到了相辅相成、相得益彰的艺术效果。

太极剑以太极的独特风格而取名，其理与太极拳同出一源。一方面它要像太极拳那样，表现出轻灵柔和，绵绵不断，重意不重力；另一方面还要表现出优美潇洒、剑法清晰、形神兼备的剑术演练风格。

陈式太极单剑、双剑套路布局合理，结构衔接紧凑，剑法清晰，配合剑指手法，以腰为主宰，划圆缠丝，粘连黏随，腾闪折空，以身运剑，屈伸往来，潇洒自如，变化莫测，刚劲有力。双剑时，两剑交叉使用，动作灵活多变，达到攻防并用，从而体现剑术中的灵活、飘洒、自然、轻快、优美、大方等特点，故有“剑似游龙巧中藏，避实就虚展锋芒”的剑法描述之句。

习练陈式太极剑，要遵循“技本无绝，练可至绝。理本无穷，悟可尽穷”之理。也就是练剑之门崇尚的是“练”，讲究的是“悟”。所谓“练”，是对剑法的实践和验证；所谓“悟”，是对剑理的领会觉醒和融会贯通。练和悟是提升剑法层次、豁然贯通的关键。只有坚持勤恒精耕，浸润拳经，泛览拳论，揣摩剑理，行剑万遍，则神理自现，此即“太极精通从苦练，艺能考究最深求”的练悟之精论。

本书中，将单剑、双剑合为一体，可使读者逐步深入，系统领会剑术之奥妙，剑法之运使，剑路之真迹，四肢之转换，姿态之韵味，前引后导，相互印证，做到知一会二。

在文字写作上，采用了先身法、后步法、再手法的顺序。对于同名招式，为保持剑法套路的连贯性和写作的系统性，不采用“同上式”之语，使读者不读后翻前，能一阅到底，一线贯穿，系统连接。在分解剑式时，为使读者对剑法能熟练掌握，读得清楚，看得明细，练得顺手，采用了一图、一意、一解的写作手段。因为是讲剑，所以在写作时，不采用拳路的写作用语，左手是剑指时，则采用剑指而不用左手之语。

编　者

2012年6月

目录

第一章

初识陈式太极剑

太极剑是武术器械类的一种，为百兵之秀，具有极强的攻防性和健身性。

剑在我国有着悠久的历史和神奇的传说。战争时，它是短兵相接的拼搏之器；和平时，则是身份的象征。随着战争兵器的变化，习剑又成为尚武者强身健体的理想之法。

第一节　说剑

剑，古之圣品，至尊至贵，人神咸崇。剑，短兵之祖，近搏之器。以道艺精深，遂入玄传奇。因其携之轻便，佩之神采，用之迅捷，故流传至今，深植人心，成为习武者爱不释手的宝物。

在中国文化里，刀与剑是两种不同的兵用武器。剑是“双锋直型刃”，而刀则是“单锋弯型刃”。

我国在商代就有制剑的史料记载，初时剑为铜制，剑形一般呈柳叶状或锐三角形状，通常作为长兵器之下的辅助武器。在江苏、浙江的吴、越等河川较多的地区，因水战较多而将剑作为主要武器，春秋时期的名剑也因此大多出于这些地区。

春秋战国时，剑为步战的主要兵械。为了处优取胜，剑的长度不断增加。出土的越王勾践剑，全长有557毫米。到了汉武帝时，剑已超过1000毫米，剑刃由两度弧曲而伸，成为平直状，剑锋的夹角由锐加大。史到东汉，社会安定，剑转为佩带仪仗或习武强身自卫的用具。汉代后，因“百炼钢”冶炼技术的应用，钢铁质的剑逐渐取代了青铜剑并趋于定型。因剑形呈柳叶状，故亦取其形似名“叶”，前端尖突名“锋”，两侧利刃又名“锷”，叶中凸棱名“脊”，脊与锷之间名“从”，脊与两从、两锷合称“腊”。剑的握持部分就是剑柄，剑柄的主要器段名“茎”，实心圆茎剑的“茎”呈实心圆柱体，茎上多有凸箍若干，以二箍者居多。茎部或衬上木片并缠以麻绳，或直接缠以麻绳，缠在茎部的麻绳名“缑”。剑柄下方、与剑身相连接、比剑身稍微宽厚的物体名“格”，又名“镡”；剑柄上端的把头名“首”。圆茎剑上的“格”“首”都是与剑一次铸成整体。此外尚有剑鞘、剑穗等附属饰物。到了隋唐时期，佩剑已成为身份象征，佩剑之风盛行。《隋书·礼仪志》载：“一品，玉器剑，佩山玄玉。二品，金装剑，佩水苍玉等。”唐代佩剑达到了鼎盛，被文人墨客视为饰物，抒以凌云壮志或表现尚武英姿。后剑与道教结下不解之缘，成了道士们手中的法器之一。

在我国历史上，有关剑的故事传说更是形形色色，神乎其神。吴人干将与妻莫邪铸剑，铁石不化，莫邪投身炉中，而成“干将”“莫邪”鸳鸯剑。欧冶子铸剑愁眉不展之时，白鹤仙人为其指点迷津，龙水淬火，宝石磨砺，铸出“水渊”和“工布”名剑。

剑一问世，遂成杀戮之器，要离刺庆忌、专诸刺王僚等，均视剑为凶器。汉高祖刘邦仗三尺剑而得天下，但汉成帝时，诤臣朱云上书讨要“尚方宝剑”而“折槛”，可歌可泣，又是剑之所为。毛泽东《念奴娇·昆仑》诗词中的“安得倚天抽宝剑”，展露了一代伟人吞吐宇宙之志，翻江倒海之势，气壮山河之情，扭转乾坤之力的气魄和胸怀，如此等等而不能尽述。

在《史记》记载中，天下之剑韩为众，一曰棠溪，二曰墨阳，三曰合伯，四曰邓师，五曰宛冯，六曰龙泉，七曰太阿，八曰莫邪，九曰干将。先辈们用自己的智慧，开创了中国兵器的文明，丰富了中国的宝剑文化。

第二节 陈式太极剑的特点

在今天说剑，是指剑的技法。陈式太极剑，是在太极拳的基础上创编的习武招式。它以转圈为形，以缠丝劲为质，以造型为秀，让习武者所陶醉。

陈式太极剑包括陈式太极单剑和陈式太极双剑。陈式太极单剑有49式，陈式太极双剑有42式。这两种剑法既有共性，又有极其明显的个性。“单剑如蛟龙出海、翻飞云端；双剑如虎豹相搏、精湛绝伦”，这就是对陈式太极剑个性的描述，也是陈式太极剑的精华所在。

陈式太极剑剑术，既细腻潇洒又舒展大方，既飘逸洒脱又不失沉稳。习练陈式太极剑，必须在练就陈式太极拳的基础上才能操剑习练。

一、陈式太极单剑

1.由来 随着剑的历史演变和社会的安定，作为兵器的剑逐渐退出了战争的舞台，而成为习武者强身健体和防身的工具。

明末清初，太极之祖陈王廷，在继承祖传通臂长拳的基础上，文武兼修。他结合太极阴阳原理、中医经络学说、道家的导引吐纳之术和诸家的武术之长，专心细研，反复实践，创编了阴阳相合、刚柔相济的太极拳，以及刀、枪、剑、棍等武术器械，并在族中传授，护家强身。

2.特点 太极剑是太极拳运动的重要内容，其中使用剑器，是手臂的延伸。太极剑兼具太极拳和剑术两种风格特点。一方面它像太极拳一样，表现出轻灵柔和、绵绵不断、重意不重力的特征；另一方面还表现出优美潇洒、剑法清晰、形神兼备的剑术演练风格。

陈式太极剑套路布局合理，衔接紧凑，剑法清晰，并结合太极拳舒展大方的身法，灵活稳健的步法，具有有刚有柔、忽隐忽现、连绵不断、缠绕回旋、刚柔相济、快慢相间等特点。长期习练不仅可以收到健体强魄的效果，而且可以使人心旷神怡，得到艺术美的享受。

在陈式太极单剑套路的应用上，它以刺、劈、撩、挂、点、抹、托、架、扫、截、扎、推、化等剑法贯穿始终，体现了陈式太极剑以身运剑，以及粘黏不散、无孔不入、虚笼诈诱、变化莫测、屈伸往来、刚劲有力的技法。

练习陈式太极单剑，必须做到意在剑先，以意导气，以气催身，劲贯剑梢，周身一致，圆转自然。剑指与剑配合一致，相互映衬，身械协调。不论是虚实变化，还是进退转换，都要做到相互衔接，中间不得停滞；要发挥腰的带动作用，以腰带臂，以臂带剑，剑随臂动；发劲要柔韧，体态须自然，真正达到“剑举恰似龙戏水，穿身犹如凤穿花”。

二、陈式太极双剑

1.由来 陈式太极双剑是近代开创的新型太极招式，是由陈氏第十八代太极拳大师陈照丕大胆革新，创造性地编排的42式陈式双剑套路。他以太极双刀套路招式为基础，把刀、剑的演练特点加以区别。

2.特点 陈式太极双剑，是陈式太极器械中双器械的一种。陈式太极双剑套路共42式，布局合理、结构严谨、剑法清晰，用法逼真；演练起来动作流畅，舒展大方；运剑如行云流水，穿身像蝴蝶飞舞，下蹲似龙盘虎踞，转体如翻身青龙，劈剑如竹工破竹，点剑像啄鸟叼木，撩剑似鲲鹏展翅，挂剑如瀑布顺流。表现出太极双剑的温纯雄烈、缠绵弹抖的特点。

陈式太极剑的妙用，在一转之间，极尽环绕之妙。双剑在剑法中，是以劈、刺、截、化、撩、抹、扫、挂、架、压等用法，配合太极拳中的太极劲道。发力时，双剑在身前旋转一周而发，使双剑交叉使用，从而达到攻防并用，动作灵活多变。力透于腕，用手腕来控制剑的运行路线，更加体现了剑术中灵活、飘洒、自然、轻快、优美大方等特点。

第三节 剑的选用及构造

陈式太极剑是陈式太极拳械中的一个重要组成部分，它兼有太极拳和剑术两种风格特点。要想收到这种艺术效果，就要按照“工欲善其事，必先利其器”的哲理，选一把材优质良的上品宝剑。

一、选剑

剑的规格、形制各不相同，让初学者面对千娇百媚的剑品时，既惊讶又迷茫，渴求着能有人为其指点购剑之法。在这种情况下，你就顺着下面的购剑指南，去挑选适合你使用的太极宝剑吧！

第一，应根据国家体委的竞赛规程，确定自己购剑的规格。根据规定，剑的长度根据身高来定，身高在1.6～1.75米的，剑长在760～820毫米。初学者在反手垂臂持剑时，剑尖应在人耳上沿之上为佳；竞赛规定用剑的重量，成年男子剑重不得轻于0.6千克，成年女子用剑不得轻于0.5千克。

第二，购剑应购买名牌产品，并应分清材质，当前主要有碳钢和不锈钢两种。但不论什么材质，主要考虑做工。要整体观看剑的外观，焊接是否牢固，剑刃厚薄是否均匀，剑脊是否中正，打磨是否精细，剑柄握持是否舒适，如有刻花雕纹，是否精致；剑刃不可锋利，剑尖不宜过尖，剑锋应略有弧形，剑身要平，并且要为起脊剑。

第三，应观看剑的韧性和配重。武术比赛用剑，剑身上大部分长度都较薄，抖动起来颤抖带声响。太极用剑则要比武术比赛用剑略硬。

试剑软硬时，用手指捏住剑尖弯折，若能折到90度且基本不高于90度则为标准，过软过硬都不理想。也可将剑的剑尖朝下立在地上，在手松开的一瞬间剑身若基本不弯，则为标准。

在测试剑的配重时，用右手的食指和中指托住距护手 3 厘米处的剑身位置，以剑保持平衡为标准。

第四，查看剑柄安装是否牢固，不能有松动和转动现象。表面光滑无毛刺，手握舒适，手感柔顺。

另外，还要注意剑与剑鞘配合的松紧程度，即剑入鞘内，既不能太松，又不能抽剑费劲；并且剑鞘的色泽、纹路美观，质地结实耐用，一般要选花梨木、桃木的剑鞘为佳；剑鞘上的金属配件要光亮适宜，看上去既高雅美观，又古朴大方。

练太极剑的剑穗不宜过长，颜色以红色为主，与服装颜色反差大一些的其他颜色也可以，但剑穗不能轻飘。

二、剑的构造名称

习练太极剑，有刺、劈、撩、扫、扎、化、抹、挂等各种剑法。在这些剑法中，有用剑尖和剑锋的，有用剑刃的，有用剑钻的，等等。你必须对剑的各部分名称有所了解，才能在剑法的海洋中去施展你的才华。

剑，从整体上讲，由两部分组成：一是剑体，二是剑鞘。对剑体来讲可以分为剑身、剑柄。

1.剑体　剑前面最长的金属部分称为剑身；剑身前端两侧的斜刃

叫剑锋；两剑锋前端相交处和上面两边的突变处，称为剑尖；剑身宽度方向的上下两侧是剑刃；剑身中间有一条稍厚的突起部分叫剑脊；剑脊与剑刃连接的平面部分叫剑面。对于剑刃，握剑时，对着虎口的上边，习惯称作剑的上刃，靠近小手指下面的剑刃叫作剑的下刃。

剑柄是与剑身连在一起并可让人操纵的部分，包括把手、剑尾圆头和护手，护手也称为格。护手分一字形和半圆形。剑柄的后面有个突出的圆，叫剑墩。柄脚，就是包裹在剑柄内的部分。

剑穗，有两个方面的作用。一是对剑起装饰作用，有的高档剑穗上还配有珍珠玛瑙等珍贵装饰品，颜色有红、黄、蓝、白、绿、渐变等多种不同颜色的款型。二是通过剑穗的飞舞，能够迷惑对方，指上打下，使其虚实难辨。在机会到来时，可以用剑穗直接进攻对方的眼、喉和穴位等。

2.剑鞘 剑鞘保护剑身和防止剑身生锈，同时也防止碰磕伤人。在剑的历史中，剑鞘曾用皮革、木材，以及铜铁等金属材料制作。剑刃进入鞘的地方叫作鞘口。现在多用木质坚韧，不变形，纹理细密、庄雅的陈年花梨木、檀木等木材制作。其上的纹状，有如祥云轻浮，有如波涛翻滚，有如鳞甲巧布，有如羽翼展露，色泽鲜艳夺目，且使用愈久，其色泽纹理愈明，更显古朴庄重。

一般太极剑的构造如图1.3.1所示。

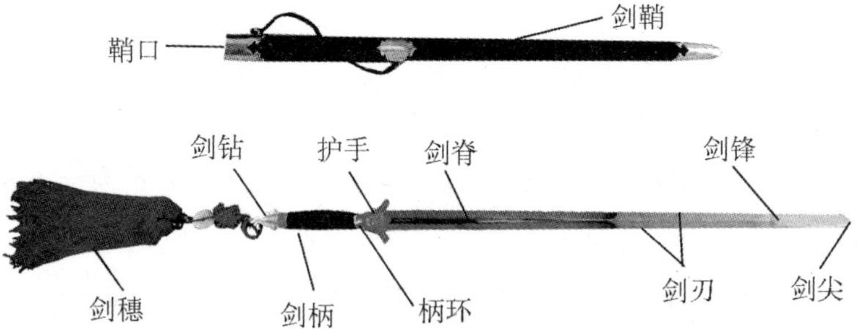

图1.3.1 剑的构造

三、剑的保养

从上面的介绍可知，剑和鞘大都采用金属和非金属材质制作而成。这些材料在使用中会受大气、汗水等条件腐蚀而出现锈迹斑痕和变形。所以，爱剑必须养剑。养剑应按下面所介绍的常识进行。

（1）剑在存放时，应放在干燥的地方。南方或沿海地区，以及梅雨季节时，可在剑袋里放些干燥剂进行吸潮。在存放和使用的过程中，要避免剑与酸碱盐和一切腐蚀性的化学药品相接触。在存放时，还要避免剑身受压变形，使用中避免磕磕碰碰，保护好剑刃和剑身。

（2）在使用过程中，应尽量避免手摸剑身，特别是在夏天，当剑身上沾有汗水或剑受雨淋后，应用纯棉毛巾布、绒布或麂皮，轻轻擦去剑身上的残油、灰尘，再以棉纱蘸少许拭剑油，均匀涂抹剑身。静养三分钟后，再用原棉布来回用力擦拭。然后适当涂上防锈油，保持剑面不锈。

（3）剑鞘一般都为木制品，在不同地区、不同气候条件下，会出现剑鞘开裂及收缩。所以，要经常用含有微油的软布擦拭剑鞘，这样既能保证光洁润泽，又能防止风裂与干缩。

（4）剑的装饰大都为金属材料，其中以铜配饰居多，所以剑应避免与煤气接触，防止配饰质的变化。

第四节　剑的握法与身法

练习陈式太极剑，不仅能强魄健体，还可以心旷神怡，得到艺术美的享受，练后令人回味无穷。要达到这样的效果，就要对剑的握法，以及手法、身法、步法做到正确领会和操作。

一、剑指握法及作用

太极剑兼有太极拳和剑术两种风格特点。在初学时要求做到剑法清晰，动作正确并基本连贯。演练太极剑，不仅要懂剑法，而且要明剑理。首先要明白各种剑法的动作要领、要求和特点，以及剑法之间的区别。

（一）剑的握法

1.左手握剑 左手握剑时，应按照图1.4.1所示的握法。

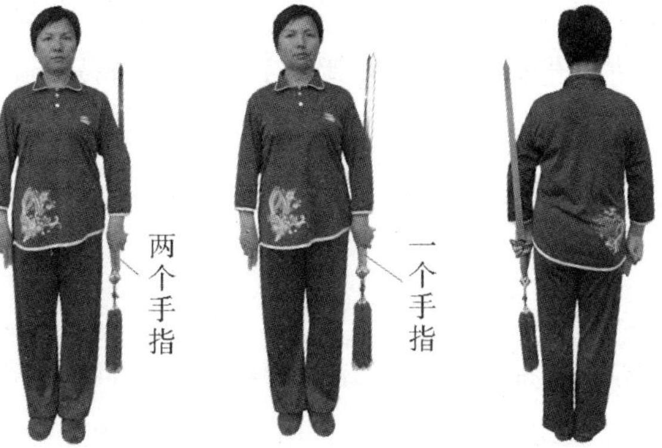

（a）单剑 （b）双剑 （c）背面

图1.4.1 左手握剑

（1）左手握单剑时，食指和中指并拢伸直后贴在剑柄上，其余三指弯曲分别握在剑柄与护手盘之间周围。剑身贴于左肘。

（2）握双剑时，两剑重叠放置，食指伸直贴在剑柄上，其余四指弯曲握住剑柄。剑身贴于左肘。

在陈式太极剑的套路中，只有在起势和收势时是这样左手握剑。单剑套路，只有在起势和收势时是左手握剑，到了朝阳剑招式时，右手接过左手中的剑，然后一直是右手握剑，左手则变剑指。双剑起势后，则左右手各持一剑。

2.右手握剑 右手握剑时，应按照图1.4.2所示的握法。

（a）右手握剑　　（b）双剑分握

图1.4.2　右手握剑和双剑分握

（1）右手握剑时，右手虎口卡住剑柄靠近护手的位置，大拇指和其余四指分别缠住剑柄，不可太松，也不可太紧。

（2）当双剑分开握时，左手的握法和右手一样。

在剑的实际应用中，还有平握剑、直握剑、提握剑、钳握剑、反握剑、正握剑之分。如正握剑时，虎口向上；反握剑时，手臂内旋，虎口向下。在做推剑、托剑和架剑的时候，要满把手握住剑柄，这样力量就会更大；在做行剑、挂剑和撩剑动作时，大拇指和食指要放活一点；在点剑、抹剑和划剑转弯时，前边的两个手指用力，其余三个手指稍微放松。所以在做复杂动作及角度不同、力量不同、用法不同的招式动作时，握剑的方式方法应随时变换，这样才能表现出剑的路线清晰、剑法规范、动作准确的目的。

（二）剑指

剑指，如图1.4.3所示。演练太极单剑时，一手握剑，另一只手为了配合剑的运行，则要采用手指的造型来完成，这种手指的造型称为剑指，也称剑诀。剑指为武术术语，是蓄势待发的一种手势。

剑指的正确形式应按下面要求：

（1）中指、食指伸直并拢，向手背方向翘曲。

（2）拇指压在无名指和小指的指甲上，并要撑圆。

图1.4.3　剑指

（三）剑指的作用

（1）剑指可以起到领劲、催劲之功能。剑指前伸，一方面可以扰乱对方的视线，另一方面近身时可用剑指刺喉、戳眼、点穴直接进攻对方。

（2）如果对方使用不带刃的兵器，剑指的左右运行可以用于推、挡，而且还可以乘机抓握、夺取对方的兵器。

（3）剑指的运行有助于增强刺剑、劈剑的力量，并能协助身体保持平衡。

（4）剑与剑指动作的一开一合，可以增加动作的色彩，使剑法显得更加潇洒优美。

二、身形与身法

演练太极剑时，要求身剑协调，配合完整。也就是说，在演练太极剑时身形与身法应与剑法的运行严密配合，上下相随，一动百随；并要以腰为轴，用整个身体来带动剑的运动，方能使做出的动作韵味十足，潇洒大方，舒展优美。

太极剑同太极拳身型一样，从头部到膝部要注意以下要求：

（1）虚领顶劲。头部，要上顶颌收，不可僵挺，不可偏歪，不可摇晃。颈部，要肌肉放松，不可紧张，不可前伸，不可歪斜。

（2）沉肩坠肘。肩部，要保持松沉，不可耸肩，不可外张，不可内扣。肘部，要自然下坠，不可僵直，不可外翻，不可扬起。

（3）含胸拔背。胸部，要舒松自然，不可外挺，不可内缩，不可僵直。背部，要舒展旋伸，不可紧张，不可弓背，不可歪斜。

（4）松腰沉胯。腰部，要自然放松，不可僵硬，不可前挺，不可后弓。胯部，要松沉正直，不可突胯，不可歪斜，不可晃摇。

（5）收臀开膝。臀部，要尾正收敛，不可突臀，不可歪斜，不可摇摆。膝部，要自然开活，不可僵直，不过脚尖，不可硬撇。

在身法上，同太极拳，要端正自然，不偏不倚，舒展大方，旋转松活，不忽起忽落，动作要以腰为轴，带动上下，完整贯穿。

第五节　剑法

器欲善其事，必先得其法。拳有拳术，剑有剑法。所谓剑法，就是剑在水平平面和竖直平面空间中的运行态势，以及剑所表现的力点，也就是剑尖、剑刃、剑面、剑柄等攻击对方的招法。综观陈式太极剑主要有劈、刺、撩、挂、点、抹、推、托、架、扫、截、扎、云、化等剑法。

一、陈式剑法

学习陈式太极剑，未学剑法得先知剑势。剑势就是剑刃所处的空间位置，这就是剑法中的立剑和平剑。好多初学者认为，剑身上下为立，剑身横向为平。此是主观认识，非剑法“立”“平”之概论。所谓立剑，就是剑的两刃朝上下。所谓平剑，就是剑的两刃朝左右。

1.劈剑　立剑由上向下为劈，力达剑身。劈剑时，臂与剑成一条直线。抡劈剑，应沿身体左侧或右侧绕一立圆，然后向下劈；后抡劈剑要与身体后转协调一致。劈剑如图1.5.1所示。

图1.5.1 劈剑

2.刺剑 立剑或平剑，剑尖向一个方向直取对方，力达剑尖，刺剑时，臂与剑成一条直线。上刺剑，剑尖高于头部，如图1.5.2所示；平刺剑，剑尖的高度在胸部，如图1.5.3所示；下刺剑，剑尖的高度低于胯部，如图1.5.4所示；低刺剑，剑尖的高度低于膝部，如图1.5.5所示。

图1.5.2 上刺剑

图1.5.3 平刺剑

图1.5.4　下刺剑

图1.5.5　低刺剑

3.撩剑　立剑由下向上为撩，力达剑身前部或剑尖。正撩剑前臂外旋，手心朝上，弧形撩出，如图1.5.6所示；反撩剑前臂内旋，力达剑尖，如图1.5.7所示。

图1.5.6　正撩剑

图1.5.7　反撩剑

4.挂剑　立剑剑尖由前向上、向后或向下、向后为挂，剑尖后勾，力达剑身前部。上挂是向上、向后贴身挂出，如图1.5.8所示；下挂是向下、向后贴身挂出，如图1.5.9所示。

图1.5.8　上挂

图1.5. 9　下挂

5.点剑　立剑自上而下，腕部放松，突然屈腕上提，使剑尖向前下点，臂自然伸直，力达剑尖。点剑时，要松腕蓄劲、肘微屈上提、肩下沉，眼看剑尖。点剑有前点和背点之分。前点是用腕部折叠，劲力用在剑尖的前边，如图1.5.10所示；背点，就是向后点，是用剑尖的外边为后点，如图1.5.11所示。

图1.5.10　前点

图1.5.11　背点

6.抹剑　平剑由左向右或由右向左领带，也就是说手在剑身前，由手臂拉着剑走，如图1.5.12所示。抹剑的高度一般在胸腹之间，力点从护手端开始到达刃终。

（a）单剑　　（b）双剑

图1.5.12　抹剑

7.推剑　平剑或立剑，双手持剑于胸前向左或右发力为推，力达剑身中部，如图1.5.13所示。

（a）立剑前推　　（b）平剑前推

图1.5.13　推剑

8.托剑　托，在日常生活中，手心向上将物品举起为托。在太极剑法中，立剑、剑身横置，手心向里，由下向上为托，力达剑身，如图1.5.14所示。

图1.5.14　托剑

9.架剑　立剑，剑身横着向上为架，剑高过头，力达剑身，手心朝外，如图1.5.15所示。架剑时剑身要平。

（a）单剑　（b）双剑

图1.5.15　架剑

10.扫剑　扫剑如扫地一般，在剑法中，平剑，手心朝上，右手持剑由右向左弧形横扫，左手持剑时则是由左向右横扫，力达剑身，如图1.5.16所示。

11.截剑　剑身斜向下为截，力达剑身，臂与剑成一直线，如图1.5.17所示。截剑时，腰部要随势拧转。

图1.5.16　扫剑

图1.5.17　截剑

图1.5.18　扎

12.扎　立剑上举，持剑向斜下方刺为扎，手心朝外，如图1.5.18所示。

13.云剑　平剑在头顶或头前上方，平圆绕环为云。上云剑在头顶，由前向后绕环一周，头要仰；左、右云剑在头前上边向左后、右后绕环。如图1.5.19所示。

（a）单剑

（b）双剑

图1.5.19　云剑

14.化　在各种剑法运用时，只要改变对方运行路线或对方劲道即为化法，典型化法如图1.5.20所示。

图1.5.20　化剑

二、其他剑法

除了陈式剑法外，在其他流派的剑法中，还有崩剑、拦剑、带剑、斩剑等剑法，读者可参考其他太极拳的著作，这里就不再多叙。

第二章

陈式太极单剑习练要领

常言道："太极精通从苦练，艺能考究最深求。"陈式太极单剑虽然只有49式，但技艺深厚，玄奥深藏，不易探求。所以，学习陈式太极单剑，崇尚的是"练"，讲究的是"悟"。若想达到较高的剑艺，成为所向披靡的剑技高手，就必须在"练悟"二字上下狠功夫。练是懂劲之基，悟是神明之灵。练练重练练，深入复深入，总有一日就能达到通晓剑理、见解通达、触类旁通、通权达变的神明境界。并且还要明辨剑理，悟在心内，练就身剑合一，细揣详推，辨析分明，理清剑路，剑法才能达到炉火纯青、出神入化的地步。

第一式　起势

起势，是整个套路的开场招式，具有统领全局的作用，一起而势就，就说明了起势的重要性。在陈式单剑中，起势时双手有竖向、横向竖向混合摆动的多样性。依照行拳的做法，起势时还是遵循面南背北进行讲解。

一、拆架分解

（一）双手竖向起势

（1）左手反握剑柄于左髋旁，指尖向下，食指和中指并行压着剑柄，剑面与左肘相贴，并立剑至身后；右手握成剑指，臂外旋，手心向后；双脚自然并拢，虚领顶劲，全身放松。如图2.1.1所示。

（2）双腿微屈，目视前方，如图2.1.2所示。

（3）重心移于右腿，如图2.1.3所示。

（4）左膝上提，如图2.1.4所示。

图2.1.1　立身中正

图2.1.2　双腿微屈

图2.1.3　重心右移

图2.1.4　左膝上提

（5）向左开步，两脚间距与肩同宽，如图2.1.5所示。

（6）按脚尖、脚跟、全脚掌的顺序着地，如图2.1.6所示。

（7）双手腕领劲，两脚间距与肩同宽，如图2.1.7所示。

图2.1.5 向左开步

图2.1.6 脚掌着地

图2.1.7 手腕领劲

（8）两臂向上升至与肩同高，如图2.1.8所示。

（9）按沉肩、坠肘顺序向下折回，如图2.1.9所示。

（10）两手下落与胯平，如图2.1.10所示。

图2.1.8 升与肩高

图2.1.9 折回

图2.1.10 落与胯平

（二）横竖混合起势

（1）接上式，身体微右转，右手内旋，左手随体转至腹前，如图2.1.11所示。

（2）右手翻掌划弧，左手划弧上领至胸前，剑尖朝左下，目视前方，如图2.1.12所示。

（3）身体左转，重心左移，左手走上弧线于左前上方，剑尖朝下，如图2.1.13所示。

图2.1.11　身体右旋

图2.1.12　左手外旋

图2.1.13　重心左移

（4）右手先外后内旋走上弧线，如图2.1.14所示。

（5）身体左转，右脚尖里扣，如图2.1.15所示。

（6）重心移至右腿，右手至右肩旁，左手于左髋前，指尖朝下，剑尖向上，如图2.1.16所示。

（7）身体继续左转，右手前推，左手划弧后拉至左髋外侧，掌心向后，同时收左腿经右脚旁开步，两脚间距与肩同宽，呈虚步，面向东，如图2.1.17所示。

图2.1.14　右手划弧

图2.1.15　身体左转

图2.1.16　重心右移

图2.1.17　右手前推

二、习练要点

（1）双手上领时，要以手带肘，切忌架肘。

（2）双手下沉时要自然下落，不可用力下按、凸臀凹腰。

（3）转体时要与扣脚和摆脚相结合，立身中正。

（4）转体时手也要不停地旋转，切忌生拉硬拽。

（5）力点要分明，切忌左右摇晃。

第二式 朝阳剑

“朝阳”一词来自《诗经·大雅·卷阿》：“凤凰鸣矣，于彼高冈；梧桐生矣，于彼朝阳。”朝阳剑，是借用“朝阳”一词，双手举剑架于头部上方，有迎朝阳之意。也是左右手进行交换剑的动作招式。右手接剑后，自然合顺相接，持剑走圆势，处处蕴含变化，给人以圆活自然之感。

一、拆架分解

（1）身体微右转，左手上领与右手相合至胸前，双掌心皆向下，如图2.2.1、图2.2.2所示。

图2.2.1 身体右转

图2.2.2 双手相合

（2）身体左拧，双手旋转分至身体两侧，重心左移，如图2.2.3、图2.2.4所示。

图2.2.3 身体左转

图2.2.4 双手外分

图2.2.5 旋转划弧

（3）重心继续左移，双手旋转划弧，如图2.2.5所示。

（4）双手携右膝提起，如图2.2.6所示。

（5）右腿向右前30度开一大步，双手相合，如图2.2.7所示。

（6）身体向右拧转，左脚蹬地，重心右移，双手向胸前穿出，如图2.2.8所示。

图2.2.6 右膝提起

图2.2.7 向右开步

图2.2.8 双手穿出

（7）身体向左拧转，重心左移，右手翻掌旋转，双手走下弧线分至身体两侧，如图2.2.9、图2.2.10、图2.2.11所示。

（8）身体向右拧转，右脚尖外摆，如图2.2.12所示。

图2.2.9　双手外旋

图2.2.10　重心左移

图2.2.11　双手外分

图2.2.12　身体右转

（9）身体右转约90度，重心右移，双手向上划弧，如图2.2.13、图2.2.14所示。

图2.2.13　重心右移

图2.2.14　向上划弧

（10）重心继续右移，收左腿至体前半步呈虚步，双手相合在胸前，左手将剑交于右手，左手变剑指，掌心皆向外，如图2.2.15、图2.2.16所示。

（11）双手携左膝提起与胯平，并做扇形上举，至体前上方架剑，面向南，如图2.2.17所示。

图2.2.15　收腿接剑

图2.2.16　左手变剑指

图2.2.17　上举架剑

二、习练要点

（1）双手在体前划圆，通过手腕的翻转螺旋和腰身带动，必须与身法、步法协调一致。

（2）右手接剑时，左手中指和食指向无名指靠拢，右手大拇指与左手大拇指并行，虎口卡住剑柄的一端靠近护手的位置，大拇指和其余四指分别缠住剑柄。

（3）左腿上提时，要屈膝松胯，收腹含胸，右腿才能稳定。

（4）双手上举时不要直线向上，双手呈扇形外分状，并要与左膝提起同步。

第三式　仙人指路

仙人指路是剑法的走势，借以仙人如指路之意。该招式动作简洁，剑路明晰。

一、拆架分解

（1）接上式，双手划弧相合于腹前，剑尖朝右，如图2.3.1、图2.3.2所示。

（2）身体向右拧转，双手收于腹前，如图2.3.3所示。

（3）身体向左拧转，双手左上右下经胸前对拉，剑指朝外，右手持剑向右前下方斜刺，力达剑尖，目视右前方，如图2.3.4所示。

图2.3.1 双手划弧

图2.3.2 双手相合

图2.3.3 身体右转

图2.3.4 对拉斜刺

二、习练要点

（1）在做此招式时，保持身体平稳，下肢不动，周身相合。

（2）双手收于腹前要全身放松，尤其是胯部。

（3）右手持剑下刺时，双手要前后对拉，头不要前探。

第四式　青龙出水

青龙出水是由屈肘、旋腕、转剑、拧腰动作而来，整个动作由屈到伸，平剑刺出，犹如青龙出水一样的神威。该招式刚劲有力，运转自如，协调一致。

一、拆架分解

（1）接上式，右手持剑转腕由下向上划弧270度，剑指由上向下划弧至左腿上方，左脚随势下落，向左前方开出，剑尖朝向左下方，如图2.4.1、图2.4.2、图2.4.3所示。

图2.4.1　转腕划弧

图2.4.2　左脚下落

图2.4.3　向左开步

（2）待左脚全部着地后，身体左转，右手持剑屈肘向下至腰间，剑尖向左，重心渐向左移，如图2.4.4、图2.4.5所示。

图2.4.4　翻手腕里合

图2.4.5　右手落腰间

（3）身体左转90度，右脚蹬地，重心左移，同时，右手持剑从右腰间向前刺出，剑尖朝前，手心向上。剑指由右向上划弧至左前上方，剑指尖朝右上，目视剑尖，如图2.4.6、图2.4.7所示。

图2.4.6　身体左转

图2.4.7　蹬地前刺

二、习练要点

（1）右手由下向上翻剑，和开步同时到位，要协调一致。

（2）旋腕、转剑、松胯要成为一体，不能散。

（3）蹬脚拧腰，剑指与刺剑都要配合默契，气血才能通畅，刺剑才能劲力十足。

第五式　护膝剑

护膝剑是典型的前进剑法。从名称上看，护膝剑是指剑在身体左右侧回绕弧线，同时与身法、步法及缠丝相结合的一种剑法，具有上护头顶下护膝之意。该招式的进步与挥剑相结合，具有势不可当的气概。

一、拆架分解

（1）接上式，身体向左拧转，右手持剑向左上方划弧上撩，拳面向上，剑指合于右小臂内侧，如图2.5.1所示。

（2）身体向左拧转，右手持剑向下翻腕划弧，剑刃顺左膝盖外侧下截，如图2.5.2所示。

图2.5.1　持剑上撩

图2.5.2　翻腕向下

（3）身体右转，重心右移，右手划弧上撩，如图2.5.3所示。

（4）身体左转，重心左移，右手由上向下划弧，如图2.5.4、图2.5.5所示。

图2.5.3 重心右移

图2.5.4 右手划弧

图2.5.5 身体左转

（5）身体继续左转，重心继续左移，右手持剑由下向上，携右腿向右前上步，至体前上方，剑尖朝前，如图2.5.6、图2.5.7所示。

图2.5.6 向右开步

图2.5.7 重心左移

（6）身体先左后右转，重心移至右腿，同时右手持剑向下翻腕划弧，剑刃顺左膝盖外侧下截，如图2.5.8、图2.5.9所示。

图2.5.8　右手划弧

图2.5.9　重心右移

（7）身体右转90度，收左腿向左前开步，右手持剑随转体划弧上撩，剑尖朝左下，如图2.5.10、图2.5.11所示。

图2.5.10　收左腿

图2.5.11　向左开步

（8）身体先右后左转，重心移至左腿，右手持剑由上向下划弧，收右腿向右前上步，剑尖朝前，如图2.5.12、图2.5.13、图2.5.14所示。

图2.5.12　右手划弧　　图2.5.13　重心左移　　图2.5.14　向右开步

二、习练要点

（1）前进步法要呈X步，收步出步都要富有弹力。

（2）转身下截，要拧腰旋裆，转臂翻腕，方能圆转自如。

（3）转体上步与持剑上撩，要协调一致。

（4）提膝上步要松胯，上下需相合，要全神贯注，引劲落空，周身浑圆一气，劲贯剑身。

第六式　闭门势

闭门就是将门关上，形容用剑护住身体。闭门势是在剑的运使下，形成一个立体的圆，可拨开对方器械，是防护的一种招式。

一、拆架分解

（1）接上式，身体左转90度，右脚尖里扣，右手带剑走上弧线旋转半周，拳心向里，剑尖朝左上方，如图2.6.1所示。

（2）重心移至右腿，收左腿，脚尖着地，同时右手翻腕提剑至额前上方，剑指护腕，手心朝外，剑尖向左下方，两目平视，面朝北，如图2.6.2所示。

图2.6.1　右手划弧

图2.6.2　翻腕提剑

二、习练要点

（1）转体上步与翻腕提剑要紧紧相扣。

（2）定势要立身中正，重心稳固，屈膝松胯，上下相合，切忌弯腰凸臀。

第七式　青龙出水

该招式与前式有所不同，它是直接开步前刺，左手上架对方器械，右手持剑旋转前刺，威武雄健，舒展大方，刚劲有力。

一、拆架分解

（1）接上式，身体右转，重心移至右腿，左膝提起，右手持剑由上向下落于腰间，剑指合于右手上方，如图2.7.1所示。

（2）身体先右后左转，左脚向左前45度开步，同时双手随体转划弧于腹前，如图2.7.2、图2.7.3所示。

图2.7.1　左膝提起

图2.7.2　向左开步

图2.7.3　右手下落

（3）身体左转，右脚蹬地，重心左移，右手持剑前刺，同时剑指由下向上划弧，经胸前掤至左前上方，手心朝上，目视前方，如图2.7.4、图2.7.5所示。

图2.7.4　右手翻腕

图2.7.5　转腰前刺

二、习练要点

（1）转体，蹬脚，拧腰，前刺与左臂上掤要同时到位。

（2）左臂上掤时要松肩沉肘。

（3）持剑前刺要随腰转，力达剑尖。

第八式　翻身下劈剑

翻身下劈剑是对付身后来敌的一种招式。该剑法果断迅速，转体劈剑一气呵成。

一、拆架分解

（1）接上式，身体向左拧转，剑指与右腕相合，右手持剑上撩，剑尖朝前，拳面向上，如图2.8.1所示。

图2.8.1 身体左转

（2）身体向右拧转，重心移至右腿，左腿尖里扣，右手持剑翻腕下划至胸前，如图2.8.2、图2.8.3所示。

图2.8.2 右手划弧

图2.8.3 左脚里扣

（3）身体继续右转，重心左移，收右脚至左脚内侧呈虚步，如图2.8.4、图2.8.5所示。

图2.8.4　重心左移

图2.8.5　收右腿

（4）双手上下对拉，同时右腿屈膝提起，如图2.8.6所示。

（5）身体右转90度，右腿向右45度跨一大步，同时，右手持剑旋臂划弧下劈，目视右后方，如图2.8.7所示。

图2.8.6　上下对拉

图2.8.7　右腿开步

（6）重心迅速右移，呈右弓步，右手持剑由上向下抡劈，剑指走上弧至左前上方与右手对拉，剑指向上，手心朝外，目视右前方，如图2.8.8所示。

图2.8.8 持剑下劈

二、习练要点

（1）拧腰翻腕，提膝提剑，要上下相合，有蓄而后发之意。

（2）转体，跨步，下劈，右蹬脚，双手对拉，要全神贯注。

第九式 青龙转身

青龙转身具有双重攻击来敌之法。在右方下劈剑后，突然左侧来敌，应迅速转身，平扫其腰部，形如青龙翻转一般。如距离稍远不及，速用跳步紧迎前刺。

一、拆架分解

（1）接上式，身体左转，剑指划弧下落，如图2.9.1所示。

（2）重心左移，收右腿，同时右手持剑横扫，剑指合于右小臂，如图2.9.2所示。

图2.9.1 身体左转

图2.9.2 收腿合手

（3）身体先左后右转，右腿屈膝提起，脚尖自然下垂，同时双手划弧，剑指前推于胸前，右手持剑后拉于腰间，剑尖朝前，如图2.9.3、图2.9.4所示。

图2.9.3 屈膝提起

图2.9.4 左手前伸

（4）身体右转，右脚落地下震，同时左腿提起，并向左前开一大步，剑指外旋，如图2.9.5、图2.9.6所示。

图2.9.5 右落左提

图2.9.6 向左开步

（5）身体左转，右脚蹬地，重心左移，同时右手持剑向前平刺，手心向上，剑指收于左腰间，目视剑尖方向，如图2.9.7所示。

图2.9.7 向前刺出

二、习练要点

（1）在此式中，两臂先合后分，剑指配合刺剑后拉，二力要相等，协调一致。

（2）震脚开步应运用连环步，动作要紧凑连贯有力。

（3）蹬脚移重心不要间断，要成为一体。

（4）持剑前刺应力达剑尖，并且刺剑应迅捷平稳。

第十式　斜飞

斜飞，形如春燕从下向上斜飞天际一般。该式主要是借用腰裆的旋转，对右前侧的威胁进行斜向抹杀。

一、拆架分解

（1）接上式，身体向右拧转，重心右移，左手翻转下按，右手持剑从左向右翻转划弧，如图2.10.1所示。

（2）身体右转90度，左脚尖里扣，双手在体前翻转划弧，如图2.10.2、图2.10.3所示。

图2.10.1　右手划弧

图2.10.2　左脚里扣

图2.10.3　重心右移

（3）身体继续右转，重心左移，如图2.10.4所示。

图2.10.4　身体左转

（4）右手携右腿提起，双手左上右下划弧相合，如图2.10.5、图2.10.6所示。

图2.10.5　收右腿

图2.10.6　双手相合

（5）身体向左拧转，提右腿向右开步，如图2.10.7所示。

图2.10.7　向右开步

（6）身体向右拧转，重心右移，右腿屈膝、合蹲，右手持剑划弧，由左下向右上方撩剑，剑尖朝右上方，剑指与右手对拉于左腿上方，如图2.10.8、图2.10.9所示。

图2.10.8　带剑右移

图2.10.9　屈膝抹剑

二、习练要点

（1）首先要依据“上要动下必跟”的原则，手脚要一致。

（2）向上撩剑时，左腿前蹬，并结合裆腰的旋转劲，力达外侧剑刃或剑尖。

（3）转体时身体不要前倾，无论大身法、小身法、转关均要灵动敏捷。

第十一式　展翅点头

展翅点头，犹如雄鹰展翅盘旋，遇到猎物时点头捕之，比喻迅猛。在交手时，如果对方用剑击我中门，我就迅速转移重心，用剑上撩，然后身体突然下沉，使剑反手化解而上撩刺点。

一、拆架分解

（1）接上式，身体向左拧转，右腿蹬地，重心左移，双手划弧相合，右手持剑走上弧线向左撩剑，如图2.11.1、图2.11.2所示。

图2.11.1　向左撩剑

图2.11.2　重心左移

（2）重心移至右腿，收左腿，向右腿后插步，同时双手翻腕旋转至身体两侧，如图2.11.3、图2.11.4所示。

图2.11.3　重心右移

图2.11.4　插步坐盘

（3）身体下沉、合蹲，双手继续翻转，右手持剑旋转向右上方反撩，手心朝后，剑指屈臂圆撑对着左太阳穴，手心向外，身体前倾下合，经右肩侧目视剑尖方向，如图2.11.5所示。

（4）身法上领，左脚跟着地，重心移于左腿，双手走下弧线相合，如图2.11.6所示。

（5）身体左转，右脚经左脚前向右开步，右手旋转划弧向上撩剑，剑指合于右小臂，目视右前方，如图2.11.7所示。

图2.11.5　前倾下合

图2.11.6　身法上领

图2.11.7　向右开步

（6）身体向右拧转，左脚蹬地，重心右移，同时两手持剑向右下点剑于胸前，剑尖朝右，目视剑尖方向，如图2.11.8所示。

图2.11.8　向下点剑

二、习练要点

（1）向上撩剑和重心移动要协调配合。

（2）身体下沉，前倾下合时要注意剑指的配合，并且剑指的位置应对着太阳穴，手心向外。

（3）右腿开步时与身体上领要同步进行，身法要自然，速度应均匀。

（4）向右点刺时，拧腰下塌与重心移动要一致。

第十二式　拨草寻蛇

拨草寻蛇为象形类招式，犹如用拨开草的方式寻找草中之蛇。在此招式中，剑随身转，一方面可以护身，另一方面可对四周威胁进行攻击。

一、拆架分解

（1）接上式，身体先左后右转，重心左移，右脚尖外摆，右手持剑翻转划弧至胸前，剑尖朝左下，如图2.12.1、图2.12.2所示。

图2.12.1　重心左移

图2.12.2　右脚外摆

（2）身体右转90度，重心右移，收左腿向左前方上步，右手持剑划弧上撩，至体前上方，如图2.12.3、图2.12.4、图2.12.5所示。

图2.12.3　重心右移

图2.12.4　左腿收起

图2.12.5　向前开步

（3）身体向右拧转，右手持剑翻转，剑竖立于体前，剑尖朝上，如图2.12.6所示。

（4）身体左转90度，左脚尖外摆，重心左移，右手持剑由右向左划弧平扫，右手心向上，如图2.12.7所示。

图2.12.6 身体右转

图2.12.7 双手划弧

（5）身体继续左转，重心继续左移，提右腿向右开步，随即右腿蹬地，右手持剑继续向左平扫，剑尖朝左，目视剑尖方向，如图2.12.8、图2.12.9所示。

图2.12.8 身体左转

图2.12.9 挥剑平扫

二、习练要点

（1）身体右转，必须重心放左腿，右脚尖外摆，才能运转自如。

（2）上步转体与持剑划弧，要连贯一致。

（3）转体要身法下沉，右转则右摆，左转则左摆。

（4）右手持剑横扫，要把圈划圆，合住劲，要立身中正，切忌弯腰凸臀。

第十三式　金鸡独立

金鸡独立，最早出自清代李汝珍《镜花缘》第七十四回“我是‘金鸡独立’，要一足微长”。在该处，是形容拳势如公鸡那样一爪独立，一爪蜷曲而站立。该剑法具有以逸待劳、后发制人之意，可对威胁随时进行攻击。

一、拆架分解

（1）接上式，身体向右拧转，重心右移，右手持剑翻转，由左向右上方划弧，手心向外，剑尖朝左，如图2.13.1、图2.13.2所示。

图2.13.1　身体右转

（2）身体向右拧转，右手持剑由上向下划弧，如图2.13.3、图2.13.4所示。

图2.13.2　重心右移

图2.13.3　身体右转

图2.13.4　右臂内旋

（3）身体左转，重心左移，左腿独立支撑，右腿屈膝提起。右手持剑翻腕上托，至体前上方，剑尖朝右，目视右前方，如图2.13.5、图2.13.6所示。

图2.13.5　重心左移

图2.13.6　右膝提起

二、习练要点

（1）拧腰，翻腕，撩剑，移重心，要全神贯注，周身浑圆一气，不可弯腰、低头。

（2）在向左转身时，有引劲落空之意，持剑一定要走圆。

（3）托剑，提腿要与腰裆合住劲，保证站立稳固。

第十四式　仙人指路

仙人指路，是直接经胸前突然引空下刺，有欲下先上，欲前先后，出其不意之势。

一、拆架分解

（1）接上式，右腿下落于右前方，右手持剑划弧落于胸前，如图2.14.1所示。

（2）身体向右拧转，右手持剑收于腹前，剑尖朝前，如图2.14.2所示。

图2.14.1　右腿下落

图2.14.2　身体右转

（3）身体先右后左转，重心右移，左腿屈膝提起，同时右手持剑向右下方猛刺，剑指与右手对拉至左上方，目视右前方，如图2.14.3、图2.14.4所示。

图2.14.3　重心右移

图2.14.4　左膝提起

二、习练要点

进步向前下刺，左、右手要对拉发力，头颈领起不可前探，两臂伸展应如一字形。

第十五式　盖拦势

盖，是从上向下覆的意思。盖拦势具有劈头盖脑之意，拦是遮挡、阻止之意。如临敌或被人从背后抱住而不能解脱时，可用此招法。

一、拆架分解

（1）接上式，左腿向后落步，重心在前，上体从左向右转体45

度，同时右手持剑与剑指相合于胸前，如图2.15.1所示。

（2）重心迅速左移，右脚掌快速后拖，在体前脚跟下震，同时右手持剑与剑指对拉于身体两侧发力后击，剑尖朝前，目视前方，如图2.15.2所示。

图2.15.1　左腿后落

图2.15.2　右脚后撤下震

二、习练要点

（1）撤步要保持立身中正，上下相合，切忌弯腰凸臀。可用两肘尖或剑钻后击。

（2）重心左移、拖步震脚与两臂发力要完整一致。

第十六式　古树盘根

古树盘根，意为树木根株盘曲纠结。在此招式中，身体右转螺旋下沉，两手托剑，然后迅速旋转引空，待机出击，形如泰山稳固、虎踞龙盘之势。在做此招式的定势时，一般有两种做法，可根据每人的习练习惯和实际运用去选择。

一、拆架分解

（1）接上式，身体右转，右脚外摆，重心右移，右手翻腕，手心朝外，剑指顺时针划弧，合右小臂于胸前，如图2.16.1、图2.16.2所示。

图2.16.1　右脚外摆

图2.16.2　重心右移

（2）身法下沉，两脚右前左后呈坐盘步。做定势时，一是双手后拖于胸前，如图2.16.3所示；二是划弧架剑于头部上方，如图2.16.4所示。

图2.16.3　身法下沉

图2.16.4　盘根架剑

二、习练要点

（1）右脚外摆，要松右胯，身体与两肘、两膝都要相合。

（2）身体右转要螺旋下沉，不可抽扯下蹲。

（3）盘根架剑要稳固重心，不可弯腰、低头。

第十七式 饿虎扑食

饿虎扑食，喻为动作迅速而猛烈。该式中，两手握剑下翻，并顺势向前，以迅雷不及掩耳之势猛刺来敌胸腹。

一、拆架分解

（1）接上式，身法上领，收左腿于右腿旁，右手翻腕里合于腰间，如图2.17.1所示。

（2）身体左转，左腿向左前45度开一大步，如图2.17.2所示。

（3）身体左转，右脚蹬地，重心左移，同时两手抱剑向前平刺，力达剑尖，手心向上，目视前方，如图2.17.3所示。

图2.17.1 收左腿

图2.17.2 向左开步

图2.17.3 抱剑平刺

二、习练要点

（1）两手握剑下翻，是贴于对方器械之上拧剑，是化劲。

（2）提腿上步，要屈膝松胯，上下相合。

（3）向前刺剑时，右脚蹬地，运行于腿，拧转腰，通过肩、肘、手力达剑尖，周身要协调一致。

第十八式 青龙摆尾

在此招式中，脚步原地不动，随身体重心的移动和旋转，剑在身体两侧划圆挥舞，阻截身前来敌的进攻，犹如青龙摆尾之势，具有“上护头顶，下护身”之意。

一、拆架分解

（1）接上式，身体向左拧转，右手持剑翻腕上撩，剑指合于右小臂上，如图2.18.1所示。

（2）右手持剑翻腕划弧下截至胸前，如图2.18.2所示。

图2.18.1　身体左转

图2.18.2　右手翻腕

（3）身体向右拧转，重心右移，右手翻腕划弧上撩于右前上方，剑尖向左下，如图2.18.3所示。

（4）身体继续右转，右手持剑下截，剑尖朝上，如图2.18.4所示。

（5）身体左转，右脚蹬地，重心左移，右手由下向上翻腕划弧上撩，如图2.18.5所示。

图2.18.3　重心右移

图2.18.4　向下划弧

图2.18.5　重心左移

（6）身体向左拧转，右手持剑翻腕下截于胸前，如图2.18.6所示。

（7）身体向右拧转，重心右移，右手翻腕划弧上撩于右前上方，剑尖向左下，如图2.18.7所示。

图2.18.6 右手翻腕

图2.18.7 重心右移

二、习练要点

（1）剑随身体的拧转，沿左、右腿外侧旋转划弧上提，不可上下抽扯。

（2）随重心移动，剑在身体左右两侧划圆摆动，剑法要清晰。

第十九式 倒卷肱

倒卷肱，好比钱塘江大潮，潮水触岸回返，巨浪翻滚卷起后涌，势不可当。唐代刘禹锡观潮后写下了这样的诗句："头高数丈触山回""卷起沙堆似雪堆"，说明了倒卷的力量非常大。该招式是一种典型的后退步法，重心始终在前，是退步防身的一种战术，其最大特点就是杀机隐藏，灵活机动。

一、拆架分解

（1）接上式，身体向右拧转，左脚尖里扣，如图2.19.1所示。

（2）身体右转180度，重心左移，收右腿向后撤步，右手持剑划弧前撩，如图2.19.2所示。

（3）身体右转约90度，重心右移，右手持剑从上向下划弧，如图2.19.3所示。

图2.19.1　左脚里扣

图2.19.2　身体右转

图2.19.3　重心右移

（4）身体左转90度，重心继续右移，收左腿向后撤一大步，同时右手持剑划弧前撩，如图2.19.4、图2.19.5所示。

图2.19.4　左腿收回

图2.19.5　左腿后撤

（5）身体左转约90度，重心左移，右手持剑划弧至体前上方，剑尖向上，如图2.19.6所示。

（6）身体右转约90度，收右腿向后撤步，如图2.19.7所示。

（7）身体继续右转约90度，重心右移，如图2.19.8所示。

图2.19.6 身体左转

图2.19.7 右腿后撤

图2.19.8 重心右移

（8）身体左转约90度，收左腿向后撤一大步，右手持剑由上向下翻腕划弧前撩，剑尖朝前，目视前方，面向西，如图2.19.9、图2.19.10所示。

图2.19.9 收左腿

图2.19.10 持剑划弧

二、习练要点

（1）后退步法要遵循X步，收步后撤要干脆利落、富有弹力。

（2）转身撤步、前撩要配合一体，方能圆转自如。

第二十式　野马跳涧

野马跳涧，犹如一匹野马遇到山涧，身体腾空而起，后蹄猛蹬，前蹄前扒，一跃而过；犹如《三国演义》中刘玄德跃马过檀溪一般。在此式中，如果突遇众敌突围脱身，或者是远距离进攻及追击时可用此招，以迅雷不及掩耳之势完成突围、远攻、追击。

一、拆架分解

（1）接上式，身体向左拧转，重心左移，右手持剑翻腕于体前划弧，如图2.20.1、图2.20.2所示。

图2.20.1　持剑翻腕

图2.20.2　重心左移

（2）身体继续左转，双手走下弧线于腹前，如图2.20.3所示。

（3）身体向右拧转，重心右移，右手翻腕划弧与剑指分至体前上方，如图2.20.4所示。

（4）身体向左拧转，重心左移，双手向下划弧分至身体两侧，如图2.20.5所示。

图2.20.3　双手划弧

图2.20.4　重心右移

图2.20.5　双手外分

（5）重心继续左移，右腿屈膝提起，同时右手持剑翻腕，剑指变掌，双手合抱于胸前，如图2.20.6、图2.20.7所示。

图2.20.6　重心左移

图2.20.7　右腿提起

（6）身法下沉，右腿向前大跨步前跃，双手落于腹前，如图2.20.8、图2.20.9所示。

图2.20.8　身法下沉

图2.20.9　右腿前跃

（7）左脚蹬地，重心右移，双脚连环跳起，如图2.20.10所示。

（8）左脚先着地，右腿向前跨一大步，如图2.20.11、图2.20.12所示。

（9）左脚蹬地，重心右移，双手抱剑向前刺出，目视前方，如图2.20.13所示。

图2.20.10　连环跳起

图2.20.11　左脚落地

图2.20.12 右腿前跨

图2.20.13 抱剑前刺

二、习练要点

（1）双手在体前划圆，应与重心移动、拧腰旋转协调一致。

（2）呈左独立势时，要松肩沉肘，屈膝松胯，周身相合。

（3）向前跨步、蹬地起跳、腾空、落地前刺要一气呵成，并要周身合一，起跳轻灵、迅速，刺剑目标要准确。

（4）双手抱剑前刺时，要配合跳步在体前逆时针划圆前刺。

第二十一式 白蛇吐信

白蛇吐信，就是蛇用舌头来捕获食物或攻击来侵者，且灵活迅速，如绵里藏针，弯弓生力，变化无穷。在此招中，形容刺剑迅捷有力。

一、拆架分解

（1）接上式，身体左转180度，右脚尖里扣，双手抱剑由右向左横扫，重心左移，如图2.21.1、图2.21.2所示。

图2.21.1　抱剑横扫

图2.21. 2　重心左移

（2）身体右转，身法下沉，重心右移，右腿屈膝合蹲，双手收于胸前，左脚尖外摆，如图2.21.3所示。

图2.21.3　身法下沉

（3）身体左转90度，身法上领，右脚蹬地，重心左移，收右腿与左腿平齐，两脚间距与肩同宽，两手抱剑向前刺出，目视前方，如图2.21.4、图2.21.5所示。

图2.21.4　重心左移

图2.21.5　收腿前刺

二、习练要点

（1）向左横扫剑时，要随体转移动重心，力达剑刃。

（2）向后拉剑时，要随腰裆劲，旋转下沉，不能直线后坐。

（3）身法上领，移重心，要右脚蹬地。

（4）收步、刺剑、拧腰要配合一致，力不分散。

第二十二式　乌龙摆尾

古代神话里，龙代表神，乌龙，多指腾云驾雾的东海蛟龙。乌龙摆尾为象形类招式，犹如蛟龙从海中腾飞而出，以摆尾表示凶猛敏捷、威力无比。

一、拆架分解

（1）接上式，身体向右拧转，重心右移，双手抱剑由下向上划弧，同时携左膝提起，目视左前方，如图2.22.1所示。

（2）身体向左拧转，左腿盖步至右腿前，同时双手抱剑由右向左下截，如图2.22.2所示。

图2.22.1　重心右移

图2.22. 2　抱剑下截

（3）重心左移，双手抱剑由下向上划弧，携右膝提起，目视右前方，如图2.22.3所示。

（4）身体向右拧转，双手抱剑由左向右下截，同时右腿盖步于左腿前，如图2.22.4所示。

图2.22.3　右膝提起

图2.22.4　抱剑下截

二、习练要点

（1）双手抱剑手腕要活，但要保证臂剑一体，形成合力。

（2）转身、持剑下截与落脚要同时进行，配合得当。

第二十三式　钟馗仗剑

钟馗，是中国传统文化中的赐福镇宅圣君。每到春节时，家家户户都在门的入口贴上“手提三尺剑，斩尽天下妖”的对联，以保家中之平安。钟馗仗剑之法，指剑上架护头，剑钻在上提时，剑击对方头部，以保护自己的身体。

一、拆架分解

（1）接上式，身体左转，左腿向后撤一大步，右手持剑划弧翻腕，剑指合于右小臂上，剑尖朝前，如图2.23.1所示。

图2.23.1　左腿后撤

（2）身体右转90度，重心左移，右腿后撤一大步，右手持剑翻腕前抹，如图2.23.2、图2.23.3所示。

（3）身体继续右转，重心右移，收左腿至体前呈虚步，右手持剑与剑指对拉至身体两侧上架，双掌心向外，目视左前方，如图2.23.4所示。

图2.23.2　右手翻剑　　图2.23.3　右腿后撤　　图2.23.4　双手对拉

二、习练要点

（1）左、右腿后撤时应屈膝松胯，并剑随体转翻腕划弧。

（2）剑上提时，要松肩塌腰，屈膝松胯，全神贯注于左前方。

第二十四式　罗汉降龙

传说古印度时有龙王用洪水淹没“那竭国”，夺佛经藏于龙宫。后来一罗汉降伏了龙王取回了佛经，故称他为降龙尊者。该招式就是通过上架引空对方器械后，突然跨步前刺对方胸肋，犹如罗汉降龙一般。

一、拆架分解

（1）接上式，身体右转上领，重心继续右移，剑指变掌上托，携左膝提起，右手持剑上托于体前上方，如图2.24.1所示。

（2）身体左转，左腿向左开一大步，如图2.24.2所示。

（3）身体向左拧转，右脚蹬地前跟，重心迅速左移，同时右手持剑向左下斜向刺出，拳心向外，左手掌心向上与右手腕相合，如图2.24.3所示。

图2.24.1　左膝提起

图2.24.2 左腿前开

图2.24.3 斜向刺剑

二、习练要点

（1）移重心、跨步转体与托剑要同步完成，做到步到剑到。

（2）左腿开出后，全脚掌要落地，斜向刺出后，身体应稳定。

第二十五式 黑熊翻背

黑熊翻背主要是对付背后来袭。套路中由灵动凶猛的降龙尊者，忽然转换成身体笨重的黑熊，身体迅速地从左向右翻身猛点，具有势不可当的气魄和气势磅礴的威力。

一、拆架分解

（1）接上式，身体右转，右腿屈膝提起，右肘里合，剑尖朝左，左手变剑指合于右手腕，目视右方，如图2.25.1所示。

（2）身体右转，右腿向右开出，右手持剑向右划弧，如图2.25.2所示。

（3）左脚蹬地，重心迅速右移，右手持剑向右下方翻身点剑，如图2.25.3所示。

图2.25.1　右膝提起

图2.25.2　右腿右开

图2.25.3　向下点剑

二、习练要点

转身、跨步，震脚、点剑要同时完成。

第二十六式　燕子啄泥

前两式用罗汉和黑熊，忽然间转换为机灵敏捷的燕子啄泥来命名，寓意着剑势要如燕子啄泥那样形情并茂，铿锵有力。

一、拆架分解

（1）接上式，身体向左拧转，目视左前方，如图2.26.1所示。

（2）身体左转90度，左脚尖外摆，右手持剑翻腕向上，与剑指对分至身体两侧，如图2.26.2所示。

图2.26.1　身体左转

图2.26.2　持剑翻腕

（3）重心左移，右腿收起，同时双手由下向上划弧相合于胸前，如图2.26.3、图2.26.4所示。

图2.26.3　重心左移

图2.26.4　收右腿

（4）右腿向前45度上一大步，左脚蹬地，重心迅速右移，同时右手持剑翻腕向下点剑，剑尖朝下，剑指合于右小臂，如图2.26.5、图2.26.6所示。

图2.26.5　右腿上步

图2.26.6　向下点剑

二、习练要点

（1）上步与剑的分合要协调一致。

（2）蹬地、点剑要同时进行。

（3）右腿支撑，重心要稳，周身放松下沉，点剑时腕部要领起。

第二十七式　白蛇吐信

该式是对方后撤时上步前刺其腰部，具有如白蛇吐信般的机灵迅速。

一、拆架分解

（1）接上式，身体向左拧转，松左胯，重心稍后移，右手持剑翻转于胸前，如图2.27.1所示。

（2）身体右转，重心右移，收左腿至体侧，两脚间距与肩同宽，同时，剑指变掌与右手合抱前刺，如图2.27.2、图2.27.3所示。

图2.27.1 右手持剑翻转

图2.27.2 重心右移

图2.27.3 抱剑前刺

二、习练要点

上步前刺，要与腰裆劲结合，力达剑尖。

第二十八式 斜飞

该式中，对方从身体右后侧袭来，我身体迅速向左转动，将其来劲引空，右脚开步套管其脚，呈上引下进之势，然后向右上方击之。

一、拆架分解

（1）接上式，松右胯扣左脚，右手持剑翻腕向下，剑指与右手对拉，如图2.28.1所示。

（2）身体右转45度，重心左移，双手划弧至身体两侧，如图2.28.2所示。

图2.28.1　翻腕向下

图2.28.2　双手划弧

（3）身体向左拧转，双手左上右下划弧，同时右腿收起，如图2.28.3所示。

（4）身体向右拧转，提右腿横开一步，双手划弧相合于胸前，如图2.28.4所示。

（5）身体右转，重心右移，右手由左向右上方撩剑，剑尖向右上方，剑指与右手对拉于左膝上方，如图2.28.5所示。

图2.28.3　收右腿

图2.28.4　右腿横开

图2.28.5　右手撩剑

二、习练要点

（1）重心左移、开右步要与手法的开合相一致。

（2）右腿横开与重心右移要连贯，但要拔背收臀，左腿蹬直。

第二十九式　鹰熊斗智

鹰属飞禽，熊为走兽。一个在天上，一个在地下。鹰动作迅猛机灵，熊动作迟钝有劲。本招式用鹰熊斗智命名，寓意深刻，身体拧转、挂剑如飞禽，松肩沉肘，腰劲下沉如熊态，两者结合，则体灵盘稳。

一、拆架分解

（1）接上式，身体向左拧转，双手划弧上撩，如图2.29.1所示。

（2）身体左转，重心左移，双手划弧相合于胸前，剑尖朝右上方，如图2.29.2所示。

图2.29.1　身体左扭

图2.29.2　重心左移

（3）身体右转，重心右移，左腿屈膝上提，右手持剑翻腕划弧上提至体前上方，剑尖朝前，如图2.29.3所示。

（4）身体向左拧转，左腿盖步于右腿前，右手持剑由上向左侧下刺，如图2.29.4所示。

图2.29.3　提左膝

图2.29.4　左腿盖步

（5）身体继续向左拧转45度，身法下沉，重心左移，右手持剑从身体左侧由前向后向上划弧挂剑，剑尖向上，如图2.29.5所示。

（6）身法上领，身体右转，右腿屈膝提起，右手持剑走上弧线至体前，剑尖朝前，如图2.29.6所示。

图2.29.5　身法下沉

图2.29.6　提右膝

（7）身体继续向右拧转，右脚盖步于左腿前，右手持剑向右侧反刺，如图2.29.7所示。

（8）身体继续向右扭转45度，重心移至右腿，右手持剑从身体右侧由前向后向上划弧挂剑，如图2.29.8所示。

图2.29.7　持剑反刺

图2.29.8　划弧挂剑

二、习练要点

（1）转体、移重心，下沉上领，要一稳二活，转关顺畅。

（2）提膝、提剑，既要上领也要下塌，蹬地，松胯，腰须放松。

（3）向后挂剑时，盖步拧腰是关键，剑在左右侧运行要走立圆。

第三十式　燕子啄泥

该式的燕子啄泥，与前面的不同之处，就是连续上步后，点对方裆中要穴。

一、拆架分解

（1）接上式，身体左转，提左腿向前上步，剑指由下向上翻腕划弧，右手持剑由后向前划弧至体前上方，如图2.30.1、图2.30.2所示。

图2.30.1　身体左转

图2.30.2　左腿开步

（2）重心左移，收右腿向前上步，双手相合于胸前，如图2.30.3、图2.30.4所示。

（3）重心迅速右移，右手持剑提腕下点，力达剑尖，如图2.30.5所示。

图2.30.3 重心左移

图2.30.4 右腿上步

二、习练要点

（1）剑随身体前进，身法、步法、手法配合得当，相辅相成。

（2）两手上分时，要松肩沉肘，腰劲下塌。

（3）点剑时，要手到重心到，须左脚蹬地，松胯塌腰。

图2.30.5 提腕下点

（4）点剑要用腕部力，力达剑尖。

第三十一式　摘星换斗

摘星换斗，意为摘取天上的星星移换北斗之星，内含巧夺天工之势。该招式千变万化，先是持剑回拉，然后向右前刺，挑起收回，对拉推出，招招相连，式式紧逼，环环相扣，具有“先声夺人”之势。

一、拆架分解

（1）接上式，身体向左拧转，重心左移，右手持剑翻腕收于胸前，如图2.31.1所示。

（2）身体向右拧转，右腿屈膝上提，右手持剑回拉，手心向上，剑尖向右，如图2.31.2所示。

图2.31.1　重心左移

图2.31.2　提右腿

（3）身体右转90度，提右腿向右开一大步，随重心右移右手持剑划弧前刺，如图2.31.3、图2.31.4所示。

图2.31.3　向右开步

图2.31.4　划弧前刺

（4）身体左转45度，重心迅速左移，右手持剑上挑回收于腰间，如图2.31.5所示。

（5）身体继续左转，左脚蹬地，重心迅速右移，双手对拉发力于身体两侧，右手持剑推出，力达剑刃，剑尖朝上，剑指朝外，如图2.31.6所示。

图2.31.5　持剑上挑

图2.31.6　持剑前推

二、习练要点

（1）重心左移，持剑回收，要周身相合，蓄势待发。

（2）前刺与上挑的重心转换要同步到位。

（3）右手前推要与左剑指对拉发力，要周身浑圆一气，不可低头弯腰，胸部前挺。

第三十二式　海底捞月

海底捞月，具有短兵相接、彼此拼命之意。在象棋、麻将游戏中也常用此名，是残局的回转杀法。将其名用在此剑法中，就是在险象环生中灵活机动，采用身法下沉，挥剑划弧，来沉着应对到底。

一、拆架分解

（1）接上式，身体左转45度，重心左移，双手随体转划弧，如图2.32.1所示。

（2）身体右转90度，重心右移，左腿屈膝上提，右手翻剑划弧上领至右前上方，剑刃向上，剑尖朝前，剑指旋转划弧至左前方，如图2.32.2、图2.32.3所示。

图2.32.1　重心左移

图2.32.2 身体右转

图2.32.3 提膝领剑

（3）身体左转90度，左右脚交替向前跨步，双手在体前划弧，右手持剑翻腕，与剑指对拉至身体两侧，如图2.32.4、图2.32.5所示。

图2.32.4 交替跨步

图2.32.5 两手对拉

（4）身法下沉，收左脚经右脚内侧向左开步，双手走下弧线相合于腹前，如图2.32.6、图2.32.7所示。

图2.32.6　身法下沉

图2.32.7　向左开步

（5）身法上领，重心左移，收右腿提起，双手经胸前上举至体前上方，如图2.32.8、图2.32.9所示。

图2.32.8　身法上领

图2.32.9　提膝举剑

二、习练要点

（1）欲右先左时，要以腰为轴拧转，不可左右摇晃。

（2）左右脚交替上步时，步法要灵活。

（3）向下捞月时，要身法下沉，全神贯注，周身一家。

（4）捞起独立支撑、上托，身法既要上领也要下塌，蹬地，松胯，腰须放松。

第三十三式 仙人指路

仙人指路，名为指路，实为进击，可直取对方身体下盘脚、膝、裆部，使之措手不及。

一、拆架分解

（1）接上式，右脚向右前方上步，双手下落于胸前，如图2.33.1所示。

（2）身体向右拧转，重心移至右腿，同时双手收于腰间，如图2.33.2所示。

（3）身体左转45度，左腿屈膝提起，右手持剑迅速向右下方斜刺，剑指与右手对拉至身体左上方，手心朝外，如图2.33.3所示。

图2.33.1 右脚上步

图2.33.2 收腰蓄力

图2.33.3 持剑斜刺

二、习练要点

（1）向前下刺时，蹬地，松胯，腰放松，身体要保持重心稳固平衡。

（2）右手持剑与左手对拉发力，要开中有合，合中有开。

第三十四式　凤凰点头

凤凰点头，是在特定条件下的一种谋略。若我正与右前方对手交战，后面又来敌，我则持剑反撩敌人的下肢，对方又抢刺我臀部，我提腿躲闪的同时持剑向后点击其头部。此招暗藏“远交近攻”之计，达到“以退求进，利从近取”之术。

一、拆架分解

（1）接上式，身体向左拧转，右手划弧翻腕，剑尖朝上，剑指合右小臂于胸前，如图2.34.1所示。

（2）身体向右拧转，左腿向前上步，脚后跟蹬出，右手持剑走下弧线后撩，剑指于胸前，如图2.34.2、图2.34.3所示。

（3）身体左转，重心左移，右手持剑前撩，如图2.34.4所示。

（4）收右腿至体前，前脚掌着地，右手持剑由前向后划弧后点，剑指合于右小臂，目视剑尖方向，如图2.34.5、图2.34.6所示。

图2.34.1　划弧翻腕

图2.34.2　左腿上步

图2.34.3　持剑后撩

图2.34.4　持剑前撩

图2.34.5　左腿开步

图2.34.6　向后点剑

二、习练要点

（1）转身落脚与翻腕后撩，要剑法清晰，全神贯注，上下相随。

（2）重心左移，持剑上撩要上右步，动作一气呵成。

（3）后点剑要用腕劲，拧腰，右胯前挺。

第三十五式　燕子啄泥

燕子啄泥，多次重复出现在剑路之中，但每招自有妙法。该招式也可用前进步法，也可使用后撤步法，只有理明路通剑法方能清晰，才能灵活运用。在此介绍的是后撤步法。

一、拆架分解

（1）接上式，右腿后撤，右手持剑由后向前划弧翻腕于胸前，双手分开，手心向上，如图2.35.1所示。

（2）重心右移，收左腿向后撤步，同时双手经身体两侧划弧向上，剑指合于右小臂上于胸前，如图2.35.2、图2.35.3所示。

图2.35.1　右腿后撤

图2.35.2　重心右移

图2.35.3　左腿后撤

（3）左脚蹬地呈右弓步，右手持剑提腕下点，力达剑尖，如图2.35.4所示。

图2.35.4 提腕点剑

二、习练要点

（1）双手的开合要与双腿的步法相协调，达到上下相合。

（2）点剑时，要前实后虚，松肩沉肘，屈膝松胯，上下相合，旋腰提腕，力达剑尖。

第三十六式 白蛇吐信

白蛇吐信与上式紧扣，该招式虽简意重，点剑后，果断收剑于胸前，然后收步抱剑前刺。它是一种后点前刺之妙术，双重进攻之典范。

一、拆架分解

（1）接上式，松左胯，右手持剑翻腕于胸前，如图2.36.1所示。

（2）身体向右拧转，重心继续右移，剑指变掌，双手合抱于胸前，如图2.36.2所示。

（3）收左腿并步，两脚间距与肩同宽，双手抱剑前刺，如图2.36.3所示。

图2.36.1 收剑胸前

图2.36.2 重心右移

图2.36.3 收腿前刺

二、习练要点

（1）并步时，右重左虚。

（2）前刺时，左手包住右手，合力刺剑。

第三十七式 斜飞

斜飞是对付身后来敌的一种剑法。首先要借对方之力迅速转身下沉使来势扑空，然后将剑上撩其颈项或面部，是“上引下进”之术的典型应用。

一、拆架分解

（1）接上式，身体右转45度，左脚尖里扣，重心左移，双手翻腕对拉，右手持剑至右前上方，左手变剑指于左胯外侧，如图2.37.1所示。

（2）身体向左拧转，重心继续左移，提右膝与胯平，同时双手翻腕划弧相合于胸前，如图2.37.2所示。

（3）身法下沉，右腿向右开一大步，目视右前方，如图2.37.3所示。

（4）身体右转，右手由左向右上方撩剑，剑尖指向右上方，剑指与右手对拉于左膝上方，如图2.37.4所示。

图2.37.1　翻腕对拉

图2.37.2　提膝合手

图2.37.3　开步沉身

图2.37.4　撩剑对拉

二、习练要点

（1）重心左移、双手对拉和拧腰，上下左右要相随。

（2）遵循拳论“上要动下必跟，下要动上必领”的原则，右手要携右腿上下一起动作。

（3）在右腿开步身法下沉时，裆要开圆，裆圆则应胸含、肩松、背拔。

第三十八式　左托千斤

《东周列国志》中有个力托千斤的故事：逼阳之战时，鲁军刚进去一半，悬门突然放下，鲁将叔梁纥随即将悬门托住，直到鲁军全部撤退。在单剑套路中，左托千斤是托起剑横力向前推挡对方兵器，寓意力大无比。

一、拆架分解

（1）接上式，身体左转45度，重心左移，右腿屈膝提起，双手走下弧线相合于胸前，剑尖朝右前方，如图2.38.1、图2.38.2所示。

图2.38.1 身体左转

图2.38.2 右腿提起

（2）身体右转，右脚下震落地，重心右移，提左膝向左前上一大步，同时双手经腹前划弧收于腰间，如图2.38.3、图2.38.4所示。

（3）身体微右后左拧转，右脚蹬地，重心迅速左移，右手持剑向前平推，剑尖朝右，目视右前方，如图2.38.5所示。

图2.38.3 右腿落地

图2.38.4 左腿开步

图2.38.5 向前平推

二、习练要点

（1）移重心、合手提腿，要松肩松肘，屈膝松胯，步法沉稳。

（2）震脚开步、拧腰收剑要周身相合，协调一致。

（3）蹬脚移重心与拧腰前推发力要同时到位，一气呵成。

第三十九式　右托千斤

右托千斤是翻腕向右贴住对方兵器推按，是缠丝劲的合理应用。

一、拆架分解

（1）接上式，身体右转，重心右移，左腿屈膝提起，同时右手持剑划弧翻腕向下，剑尖朝左，如图2.39.1、图2.39.2所示。

图2.39.1　身体右转

图2.39.2　左腿提起

（2）左腿向前跨步落地，右腿迅速向前迈一大步，左脚蹬地，重心迅速右移，右手持剑向右前方平推，剑尖朝左，目视右前方，如图2.39.3、图2.39.4所示。

图2.39.3 左脚落地

图2.39.4 向前平推

二、习练要点

（1）移重心、翻腕、提膝要沉稳一致。

（2）在持剑前推时，左手剑指合于右小臂上，右臂向前推进，而不是身体向前。

第四十式 燕子啄泥

燕子啄泥，是寓意剑势的形式，表现出如燕子啄泥筑巢的机智、果断、灵活。该招式连续大跨步前进，配合双手左右相合、上下相随，是跨步点剑的剑势和剑法。

一、拆架分解

（1）接上式，身体左转，提左膝与胯平，同时双手划弧翻腕分至身体两侧，手心向上，剑尖朝右前方，如图2.40.1、图2.40.2所示。

图2.40.1 重心在右

图2.40.2 提膝分手

（2）左脚向前上步，双手向上划弧，如图2.40.3所示。

（3）重心左移，提右脚向前方上一大步，同时双手合于胸前，剑尖向上，如图2.40.4、图2.40.5所示。

图2.40.3 左脚上步

图2.40.4 右腿提起

图2.40.5 右脚上步

（4）左脚蹬地，重心迅速右移，同时右手提腕向前下方点剑，剑指合于右小臂上，如图2.40.6所示。

图2.40.6　提腕点剑

二、习练要点

（1）双脚连续上步，要与双手翻腕划弧，相互配合默契。

（2）上步点剑时，要虚实分明，手腕领起，蹬脚与点剑要同时到位。注意点剑后剑与地面的夹角在45度左右。

第四十一式　白猿献果

白猿献果为先防后攻之术。对方刺我胸脯或头部时，我身后仰，持剑翻腕外抹，用剑横架将其引空，并且迅速转腰抡臂，重心前移，向前探身平砍对方身体上部或中部，如“献果”一般。名为献果，实为摘果。

一、拆架分解

（1）接上式，重心后移，身体后仰，两手翻腕划弧经胸前向上外抹，剑从脸上方撩过与剑指向左右分开，目视上方，如图2.41.1、图2.41.2所示。

图2.41.1　身体后仰

图2.41.2　翻腕上抹

（2）重心迅速前移，同时右手持剑向右前划弧平砍，左手从左向右划弧与右手合抱，目视前方，如图2.41.3、图2.41.4所示。

图2.41.3　重心前移

图2.41.4　双手合抱

二、习练要点

（1）身体后仰时，要用左腿做力点斜撑，右手持剑翻转向外，身不能晃动。

（2）双手持剑外抹上架，要在腹前划圆，不要超过胸部。

（3）向前探身前合，重心前移要稳固，上下要协调一致，平砍与收回速度要快，起身要正。

第四十二式　落花势

落花势，意为失势之举，如落花流水。该招式以“落花”为名进行撤步，但却隐伏着“以逸待劳”之计。在做该招式时，一方面向后撤步，一方面用剑护身，做到剑随身体转动划弧前撩，不给对方进攻的机会。

一、拆架分解

（1）接上式，身体向左拧转45度，右手持剑翻腕上撩，剑尖朝前，如图2.42.1所示。

图2.42.1　翻腕上撩

（2）身体先左后右转，重心左移，收右脚向右后45度撤步，同时右手持剑由上向下、由后向前翻腕划弧前撩，如图2.42.2、图2.42.3所示。

（3）身体右转，重心右移，收左脚至右脚内侧，同时右手持剑由上向下划弧横扫，如图2.42.4、图2.42.5所示。

图2.42.2　身体右转

图2.42.3　撤步前撩

图2.42.4　身体右转

图2.42.5　收左脚

（4）身体左转，提左腿向左后45度撤步，同时右手持剑由后向前翻腕划弧前撩，如图2.42.6、图2.42.7所示。

图2.42.6　左腿后撤

图2.42.7　翻腕前撩

（5）身体先左后右扭转，重心左移，收右脚向右后45度撤步，同时右手持剑由上向下、由后向前翻腕划弧前撩，如图2.42.8、图2.42.9所示。

图2.42.8　重心左移

图2.42.9　右脚后撤

（6）身体先右后左转，重心右移，收左脚向左后45度撤步，同时右手持剑由上向下、由后向前翻腕划弧前撩，如图2.42.10、图2.42.11、图2.42.12所示。

图2.42.10　重心右移

图2.42.11　左脚后撤

图2.42.12　翻腕撩剑

二、习练要点

（1）撩剑、翻腕、移重心与转体相结合，做到圆转自然、浑然一体。

（2）步子要先收后撤，路线要走X形。

（3）撤步和翻腕前撩，要协调同步。

第四十三式　上下斜刺

上下斜刺，具有双重剑法。一是当对方距离较远时，可用垫步，向前刺其咽喉；如果对方从背后袭来，则应迅速转身，持剑刺其下部。

一、拆架分解

（1）接上式，身体左转45度，重心左移，右手持剑由右向左划弧至腹前，如图2.43.1所示。

（2）身体向右拧转45度，重心右移，双手翻腕划弧至身体两侧，双手心皆向外，剑尖朝前，如图2.43.2所示。

图2.43.1　重心左移

图2.43.2　重心右移

（3）重心左移，右腿屈膝提起，同时双手翻腕划弧合抱于胸前，如图2.43.3所示。

（4）身体先左后右转，身法下沉，相合后上领，左腿向前连跳两步，如图2.43.4、图2.43.5所示。

图2.43.3　提右膝

图2.43.4　身法下沉

图2.43.5　左脚前跳

（5）左脚落地后，右腿向右上一大步，如图2.43.6所示。

（6）左脚蹬地，重心右移，双手抱剑迅速上刺，如图2.43.7所示。

图2.43.6　右腿上步

图2.43.7　抱剑上刺

（7）身体左转180度，重心左移，双手抱剑平扫180度，如图2.43.8、图2.43.9所示。

图2.43.8　身体左转

图2.43.9　抱剑平扫

（8）重心右移，双手抱剑后拉至腰间，如图2.43.10所示。

（9）右脚蹬地，重心左移，双手抱剑迅速向前下方斜刺，如图2.43.11所示。

图2.43.10　抱剑后拉

图2.43.11　抱剑斜刺

二、习练要点

（1）剑在体前运转，随重心的转换变动，要上下协调一致，圆转自如。

（2）左腿独立支撑，要立身中正，全神贯注，松肩沉肘，屈膝松胯，上下相合。

（3）抱剑下沉时，要周身浑圆一气，蓄势待发，切忌弯腰凸臀。

（4）跳步时要用力蹬地连跳，做到轻灵、柔美自然。

（5）落步上刺，必须左脚蹬地，右脚还要大跨步向前，重心与刺剑一起到位，周身一致，劲由脚起，力达剑尖。

（6）剑横扫朝左下时，要迅速拧腰转胯，旋臂转腕。

第四十四式　斜飞

斜飞，与拳架套路中的“单鞭”相似，不仅出现次数多，而且也是单剑套路中最精华的招式。它着重体现首尾呼应，上下左右紧紧相扣，表现出腰功之玄妙。

一、拆架分解

（1）接上式，身体右转90度，重心右移，左脚尖里扣，同时双手由下向上翻腕划弧，右手持剑至右前上方，剑尖朝上，左手变剑指旋转划弧至身体左侧，如图2.44.1、图2.44.2所示。

图2.44.1　翻腕划弧

图2.44.2　左脚里扣

（2）重心左移，右腿屈膝提起，同时双手划弧相合于胸前，如图2.44.3、图2.44.4所示。

图2.44.3　重心左移

图2.44.4　双手相合

（3）身法下沉，右腿向右开一大步，如图2.44.5所示。

图2.44.5　右腿开步

（4）身体向右拧转，重心右移，右手持剑向右上方撩剑，双手划弧对拉至身体两侧，剑指朝左下方，如图2.44.6所示。

图2.44.6　向上撩剑

二、习练要点

（1）在转体移重心时，一是先扣对应的脚，再摆相应的脚，二是以脚跟为轴进行。如向右转体重心右移时，则应先扣左腿再摆右脚，不论扣摆脚，均以脚跟为支点。

（2）肢体从心而运，千变万化，随意处之，所以手脚必须一致。

（3）持剑上撩，要开中有合，合中有开。在一般情况下均是先合后开，这样做才能先蓄而后发。

第四十五式　哪吒探海

哪吒是莲花化身的神话人物，《哪吒探海》是一部脍炙人口的神话故事，深受人们喜爱。剑势中应用“探海”之名，是指向前垫步时，身体随之下沉，利用足弓的弹力向前蹿跳并向下刺出。

一、拆架分解

（1）接上式，身体向左拧转上领，重心左移，右腿屈膝提起，同时双手划弧合抱于胸前，剑尖朝前，如图2.45.1、图2.45.2所示。

图2.45.1　转体上领

图2.45.2　右膝提起

（2）身法下沉，右脚大跨步前跃，双手落于腹前，如图2.45.3所示。

（3）身法上领，双脚连环跳起，双手向上划弧于胸前，如图2.45.4所示。

图2.45.3 身体前跃

图2.45.4 连环跳起

（4）左脚落地后，右腿继续向前跨步，如图2.45.5所示。

（5）左脚蹬地，重心右移，双手抱剑迅速向前下方刺出，如图2.45.6所示。

图2.45.5 右腿前跨

图2.45.6 抱剑下刺

二、习练要点

（1）移重心提腿，双手合抱持剑，要屈膝松胯，使另一腿挺立，气宇轩昂，稳如泰山。

（2）身体大跨步前跃，蹬地起跳，必须身、步、手协调配合。

（3）随身体上跃，落步，双手在体前逆时针划弧前刺。

（4）左脚蹬地，重心要分明，刺剑才能力达剑锋。

第四十六式　怪蟒翻身

翻身亦有转身、纵身之意，为武术身法用语。该招式中，如遇前后来袭，则先向前上步化剑隔挡，再迅速转身提剑向后下劈去。

一、拆架分解

（1）接上式，身体左转45度，重心左移，右手持剑翻腕走上弧线从身体左侧化剑隔挡，如图2.46.1所示。

（2）身体右转，右脚尖外摆，重心右移，右手翻腕提剑走下弧线至胸前，如图2.46.2所示。

（3）身体右转90度，重心继续右移，左腿屈膝提起，同时右手提剑至头顶上方，剑尖朝左下方，如图2.46.3所示。

图2.46.1　持剑翻腕

图2.46.2　重心右移

图2.46.3　左腿提起

（4）左腿向左开一大步，同时右手提剑向右下抡劈，剑指与右手对拉至左上方，手心向外，如图2.46.4所示。

图2.46.4　提剑下劈

二、习练要点

（1）转身上撩，移重心，要协调一致。

（2）右手翻腕提剑时手腕要活，并且在胸前应走立圆。

（3）重心右移，左腿提起跨步，要与身法相配合，要上下相合，周身浑圆一气，切忌弯腰凸臀。

（4）右手持剑向下抡劈，要与左手对拉配合。

第四十七式　韦陀献杵

韦陀，传说是保护佛法的天神。杵，是两端粗中间细的古代木棒兵器，手握中间，用两端打人。该招式中，如对方从背后来袭，突然转体上步前刺，如天神献杵一般。

一、拆架分解

（1）接上式，身体左转180度，左脚尖外摆，重心左移，右腿屈膝上提，同时右手提剑横扫于胸前，剑尖朝体前，剑指合于右小臂，如图2.47.1、图2.47.2、图2.47.3所示。

图2.47.1　左脚外摆

图2.47.2　双手相合

图2.47.3　屈腿横扫

（2）身体左转，右脚向前上一大步，同时双手划弧外撑，剑指至胸前，右手持剑收腰间，如图2.47.4、图2.47.5所示。

（3）身体迅速左转，左脚用力蹬地，重心迅速右移，同时剑指屈肘后击于腰间，右手持剑与左手对拉向右前方猛刺，如图2.47.6所示。

图2.47.4 身体左转

图2.47.5 右脚上步

图2.47.6 持剑猛刺

二、习练要点

（1）转身持剑横扫，提膝，要与重心配合相一致。

（2）转身上步，蹬脚刺剑，手肘对拉，要全神贯注，松肩沉肘，周身浑圆一气。

第四十八式　磨盘剑

磨盘是古时人们用两个圆形石盘组合成研磨粮食用的石器。该招式命名为磨盘剑，意为整套剑法从起势到此，整整划了一大圆圈，表示该套路即将圆满结束。

一、拆架分解

（1）接上式，身体右转45度，重心左移，右腿屈膝上提，同时右手翻腕翻剑，剑尖向左，剑指合于右小臂上，如图2.48.1、图2.48.2所示。

（2）身体继续右转45度，右腿向右前方摆脚上步，脚后跟着地，如图2.48.3所示。

图2.48.1　身体右转

图2.48.2　右腿提起

图2.48.3　右腿上步

（3）身体继续右转180度，重心右移，收左腿向前扣脚上步，同时双手随体转在胸前用力前推，如图2.48.4、图2.48.5所示。

图2.48.4　身体右转

图2.48.5　双手前推

（4）身体继续右转45度，重心左移，收右腿向右后撤步，同时双手划弧分至身体两侧，剑尖朝前，如图2.48.6、图2.48.7所示。

图2.48.6　重心左移

图2.48.7　撤步分手

（5）重心右移，提左膝向前开步，同时双手相合于腰间，剑尖朝前，如图2.48.8、图2.48.9、图2.48.10所示。

图2.48.8 重心右移

图2.48.9 提左膝

图2.48.10 上左步

（6）身体左转，重心左移，收右脚至体侧，两脚间距与肩同宽，同时双手合抱前刺，如图2.48.11、图2.48.12、图2.48.13所示。

图2.48.11 重心左移

图2.48.12 收右腿

图2.48.13 合抱前刺

二、习练要点

（1）持剑翻腕收回，要立身中正，松肩沉肘。

（2）双手合于胸前，右腿提起，要屈膝松胯，上下相合。

（3）双脚交替上步，右手持剑要有“推磨”之意。

（4）撤步，双手分开，要配合协调。

（5）移重心，双手翻转收腰间，要松肩沉肘，不可弯腰、低头。

（6）收步前刺，要稳固重心，周身浑圆一气，切忌弯腰凸臀。

第四十九式 收势

太极拳是以练形、练意、练心、练气为主的拳种，也是一个由太极复归于无极的过程，是自然之理、万物生息之理。太极剑收势与拳法一脉，要求意识集中，气沉丹田，形神随心意归元之体。

一、拆架分解

（1）接上式，右手持剑翻腕合于左掌中，如图2.49.1所示。

（2）左手接剑后，剑平合于左臂内侧，食指和中指并拢伸直贴在剑柄上，其余三指弯曲分别握在剑柄与护手盘之间，右手变剑指，如图2.49.2所示。

图2.49.1 翻腕合掌

图2.49.2 左手接剑

（3）左手持剑与剑指对拉向两侧划弧分开，再向上向里合于体前上方，剑平贴于左小臂，剑尖朝后，如图2.49.3、图2.49.4所示。

图2.49.3　对拉分开

图2.49.4　两手里合

（4）左手持剑与剑指同时下按，外分至身体两侧，左手反握剑柄于左髋旁，指尖向下，剑面与左肘相贴，立剑至身后，如图2.49.5、图2.49.6所示。

图2.49.5　同时下按

图2.49.6　反握剑柄

（5）重心右移，收左腿与右脚自然并拢，如图2.49.7、图2.49.8所示。

（6）身体缓缓上领，立身中正，全身放松，双肩自然下垂，双目平视，如图2.49.9所示。

图2.49.7 重心右移　　图2.49.8 收腿并拢　　图2.49.9 身体上领

二、习练要点

（1）收势不可急，不可省略不收，形神不可外散，要心意归元一体，心不慌则意不乱。

（2）双手交接剑后，还必须左右上下划圆，要求意识集中，气沉丹田。

（3）要把双手双脚都归至身旁时，才可缓缓站起。

第三章

陈式太极双剑习练要领

陈式太极双剑，是陈式太极套路中双器械的一种，此剑路依据太极双刀套路，结合太极拳的手法和太极剑的剑法演化而成。陈式太极双剑套路，循之有法，布局合理，结构严谨，剑法清晰。运剑如行云流水，身动如蝴蝶飞舞，下蹲如盘龙卧虎，转体如青龙翻身，劈剑犹竹工破竹，点剑如啄鸟叼木，撩剑如鲲鹏展翅，挂剑似二龙戏珠，从而体现了剑术中的灵活自然、飘洒轻柔、优美舒展、清婉欲绝等特点和太极拳温纯雄烈、缠绵颤抖的特色。双剑配合舞动，具有上护头顶下护身之功效。

第一式　预备势

根据“练拳先从无极始”“无极形者，即寻常不动之立正姿势也”的原则，在双剑套路中加入预备势，是表明练剑前的起始姿态，是太极起势的蓄意与心态调整的关键性动作。

一、拆架分解

（1）左手反握剑柄，食指指尖向下压在剑柄上，双剑并立，剑面与左肘相贴，立剑至身后，右手呈剑指状向下置于右身旁，立身中正，全身自然放松，神舒体静，心平气和，面向南，如图3.1.1所示。

图3.1.1　立身中正

（2）双腿微屈，如图3.1.2所示。

（3）提左腿向左开步，如图3.1.3所示。

（4）按脚尖脚跟顺序下落，两脚间距与肩同宽，如图3.1.4所示。

图3.1.2　两腿微屈

图3.1.3　左腿开步

图3.1.4　与肩同宽

二、习练要点

（1）要全身安定，精力集中，呼吸自然。

（2）左手反握双剑时，要食指向下压在剑柄上，其余四指环扣剑柄。这要与单剑握法区别开。

（3）双腿屈膝时，胯部要放松，像坐在板凳上一样。

第二式　双剑起势

起是由静到动的开始，寓意为无极一动生太极。在预备势的基础上，由双手腕领劲，划弧开始，到右手接剑，划弧上举至头顶止，象征上护头顶下护身之意的开始。

一、拆架分解

（1）接上式，身体向左拧转，左手前掤，剑指于胸前，如图3.2.1所示。

（2）身体右转，重心左移，剑指由上向外翻转平捋，如图3.2.2所示。

（3）身体继续右转，重心移至右腿，双手外撑于胸前，如图3.2.3所示。

图3.2.1　左手前掤

图3.2.2　剑指外翻

图3.2.3　身体右转

（4）身体微右后左拧转，提左腿向左前方开步，右手在胸前接剑，如图3.2.4、图3.2.5所示。

图3.2.4　提左腿

图3.2.5　开步接剑

（5）身体继续左转，重心移至左腿，右腿收起，双手持剑划弧对分，如图3.2.6、图3.2.7所示。

图3.2.6　持剑划弧

图3.2.7　右腿收起

（6）提右腿向前方上步，双手右上左下划弧交叉相合，如图3.2.8所示。

（7）身体左转90度，重心右移，右手持剑翻转至身体右上方，左手持剑向内翻转于腹前，剑尖斜向后上方，如图3.2.9、图3.2.10所示。

图3.2.8 双手交叉

图3.2.9 重心右移

图3.2.10 身体左转90度

二、习练要点

（1）双手分握剑时，右手先把两剑接于手中，然后左手再接剑。

（2）向前上步时，双手持剑顺势划弧，须以腰为轴，手脚的配合犹如剪刀一样交叉运行。

（3）移重心、收步和双手持剑翻转要协调一致，同时到位。

第三式　落花流水朝阳剑

落花和流水是自然界的一种现象，在剑式中具有顺其自然之意。朝阳者，具有阳光普照大地之意。在此招式中，双剑前后左右上下交替运行，如自然落下的花瓣随风轻舞，如溪涧水流，川流不息。

一、拆架分解

（1）接上式，身体向左拧转，提左腿向前方上步，右手持剑由上向左前下劈，如图3.3.1所示。

图3.3.1　右剑下劈

（2）身体左转，重心左移，提右腿向前方上步，同时右手翻转向上划弧至右前上方，左手随转体向左横扫，如图3.3.2、图3.3.3所示。

图3.3.2 重心左移

图3.3.3 上右步

（3）身体继续左转，重心右移，提左腿向后撤步，随体转，右手持剑下截，左手向上划弧，如图3.3.4、图3.3.5所示。

图3.3.4 身体左转

图3.3.5 左腿后撤

（4）身体继续左转，重心左移，右膝提起，双剑交叉合于体前，如图3.3.6所示。

（5）身体右转，右腿向前方上一大步，左脚蹬地，重心迅速右移，同时右手持剑下劈，左手与右手对拉至左前上方，如图3.3.7、图3.3.8所示。

图3.3.6　提膝相合

图3.3.7　右腿上步

图3.3.8　右剑下劈

（6）身体左拧，重心左移，如图3.3.9所示。

（7）收右腿向前方上步，重心迅速右移，右手持剑向左横扫，左手持剑向右前下劈，如图3.3.10、图3.3.11所示。

图3.3.9 重心左移

图3.3.10 收右腿

图3.3.11 左剑下劈

（8）身体右转约180度，提左腿向前方上步，重心迅速左移，左手持剑翻腕旋转于头顶上部云剑，右手持剑右抹，如图3.3.12、图3.3.13所示。

（9）身体继续右转，右腿向后撤步，收左腿于体前呈虚步，右手持剑翻腕于右前上方，左手持剑向右横扫于腹前，如图3.3.14、图3.3.15所示。

图3.3.12　左腿上步

图3.3.13　左手云剑

图3.3.14　右腿后撤

图3.3.15　左剑横扫

二、习练要点

（1）上左步、右手持剑下截，要协调一致。

（2）上右腿、左手外抹右手上撩，要同时到位。

（3）转体收步，双手要相应配合，周身浑圆一气。

（4）开步下劈，双手要对拉。

（5）虽然转身速度非常快，但要灵活自然，剑法要清晰。

第四式 转身美女望月

美女望月，是形容身姿与舞剑的造型。眼睛顺着剑的运转向上望去，犹如望月一般，加之转身，使动作更加婉转优美。在双剑套路中，转身基本是双手持剑向左右方向运剑。

一、拆架分解

（1）接上式，身体向左拧转，提左腿向右前蹬出，右手持剑由上向左前下劈，如图3.4.1、图3.4.2所示。

图3.4.1 提左腿

图3.4.2 右剑下劈

（2）身体左转约90度，重心左移，提右腿向前方上步，右手翻转划弧向上至右前上方，左手随转体向左横抹，如图3.4.3所示。

（3）身体继续左转，重心右移，提左腿向后撤步，随体转，右手持剑横扫，左手划弧上撩，如图3.4.4、图3.4.5所示。

图3.4.3　右腿前开

图3.4.4　向左转体

图3.4.5　左腿后撤

（4）身体继续左转，重心左移，提右腿向右开步，同时，双手持剑走上弧线至体前上方，如图3.4.6、图3.4.7所示。

（5）身体右转，重心右移，双手持剑由上向下划弧，如图3.4.8、图3.4.9所示。

图3.4.6　重心左移

图3.4.7　向右开步

图3.4.8　重心右移

图3.4.9　划弧向下

（6）身体向左拧转，重心左移，提右腿向左腿后插步，如图3.4.10所示。

（7）身体继续向左拧转，身法下沉，双腿盘地屈膝下蹲，左手持剑伸臂划弧上撩，手心向后，右臂屈肘横扫，手心向里，双剑尖向上，如图3.4.11所示。

图3.4.10　身体左拧

图3.4.11　举剑上撩

二、习练要点

（1）右手持剑下截，要与步法配合得当。

（2）提膝上步，与双手持剑的开合相一致。

（3）身法下沉，双手持剑顺势划弧，须以腰脊为轴，圆转自如。

（4）盘步下蹲，要屈膝松胯。

第五式　夜叉探海

夜叉被比喻成“凶悍”“轻捷”“勇健”之人，后受佛之教化而成为海中的护法之神。夜叉探海，是以形取象的剑法。右腿提起，双剑高举过顶，直向左刺，凶猛威武，势如探海一般。

一、拆架分解

（1）接上式，身法上领，提右腿向右开步，双手翻腕划弧于胸前，双手心相对，如图3.5.1、图3.5.2所示。

图3.5.1　身法上领

图3.5.2　向右开步

（2）身体向右拧转，重心右移，提左腿向前开步，同时双手持剑向右横扫，如图3.5.3所示。

（3）身体向右拧转，重心左移，双手持剑翻腕上撩，双手手心相对，如图3.5.4所示。

图3.5.3　左腿前开

图3.5.4　双手翻腕

（4）身法上领，右腿屈膝提起，左腿迅速上蹬，同时左手持剑由胸前用力向左扎剑，右手由右向左从头顶上方用力向左刺剑，如图3.5.5、图3.5.6所示。

图3.5.5　重心在左

图3.5.6　蹬腿扎剑

二、习练要点

（1）身法上领，收步和双手持剑翻转要一步到位，协调得当。

（2）眼随剑法走，意在剑先。

（3）左腿独立支撑时，借右脚蹬地之力，左腿蹬地向左扎刺。

（4）刺剑时，身稳如磐，不得摇晃。

第六式　黑熊翻背朝阳剑

翻背在双剑剑法中，与转身有着明显的不同身法与手法，构成了双剑套路两种不同形态的运剑方法。一般情况下，翻背也包含着转身之意，但它是横向平面中的动作，转身是竖向平面中的动作。在翻背时，双手持剑是在身体两侧和前边上下飞舞。

黑熊翻背，寓意着身体灵活机动，威力无比。

一、拆架分解

（1）接上式，身体右转90度，随转体右腿下落，同时右手持剑下劈，如图3.6.1所示。

（2）身体继续右转，重心右移，提左腿向前方上步，左手持剑由上向右下斜扫，如图3.6.2、图3.6.3、图3.6.4所示。

（3）身体右转不停，提右腿向后撤步，双手左上右下相交于胸前，如图3.6.5、图3.6.6所示。

图3.6.1 右剑下劈

图3.6.2 重心右移

图3.6.3 左腿上步

图3.6.4　身体右转

图3.6.5　右腿后撤

图3.6.6　右转不停

（4）身体左拧，左手持剑经头顶云剑至体左侧，右手划弧向上云剑至头顶，如图3.6.7、图3.6.8所示。

（5）重心右移，收左腿于体前呈虚步，右手持剑翻腕于右前上方，左手持剑向右横扫于腹前，如图3.6.9所示。

图3.6.7　身体左拧

图3.6.8　右剑云剑

图3.6.9　重心右移

二、习练要点

（1）双手翻腕划弧、落步下劈与重心移动要相互配合，协调一致。

（2）上步转体，双手要相应配合，使周身浑圆一气。

（3）转体时速度要快，剑法要清晰，灵活自然。

第七式　转身凤凰双展翅

凤凰古称瑞鸟，传说是鸟中之王，象征着美丽和幸福。在此剑套路中所谓双展翅，就是双手持剑分至身体两侧，剑尖朝上，犹如孔雀开屏一般。

一、拆架分解

（1）接上式，身体左拧，左腿提起向前开步，右手持剑由上向左下劈，如图3.7.1所示。

图3.7.1 右剑下劈

（2）身体左转，重心左移，提右腿随转体扣脚向前方上步，如图3.7.2所示。

（3）身体左转不停，重心右移，左膝提起，同时左手持剑划弧由右向左抹剑，右手翻腕划弧持剑上撩，如图3.7.3所示。

图3.7.2 右腿上步

图3.7.3 左膝提起

（4）身体继续左转，左脚尖外摆90度，下落至身体左侧，同时左手持剑上撩，右手持剑下截至体前，如图3.7.4所示。

（5）随着身体继续左转，重心左移，右脚从体后提起，同时双手持剑划弧相合交叉至额前上方，如图3.7.5所示。

图3.7.4　继续左转

图3.7.5　划弧交叉

（6）身法下沉，右脚下落盖步，双腿屈膝下蹲，同时双手持剑划弧对分至身体两侧，如图3.7.6、图3.7.7所示。

图3.7.6　右脚盖步

图3.7.7　双手对分

二、习练要点

（1）上步和下劈，要同时到位。

（2）提膝架剑，手脚要相互配合，要松肩沉肘，圆转自如。

（3）身法下沉与双手的开合要相一致。

第八式　上三剑

上三剑，是指左右腿随双臂交替向前方上步三次，有上步紧逼之意。双手与双腿相互配合挥剑护身。

一、拆架分解

（1）接上式，身法上领，身体向左拧转，左腿随体转向前上步，同时左手持剑翻腕里合于胸前，右手持剑走上弧线向左挂剑，如图3.8.1、图3.8.2所示。

（2）右腿屈膝提起，双手随体转持剑翻腕向上，如图3.8.3所示。

图3.8.1　右手挂剑

图3.8.2　左手里合

图3.8.3　右腿提起

（3）身体向右拧转，右腿向前方上一步，如图3.8.4所示。

（4）身体继续向右拧转，重心移于右腿，同时双手持剑向后挂剑，如图3.8.5所示。

（5）身体向左拧转，左腿提起，同时双手持剑向上挂剑，如图3.8.6所示。

图3.8.4　右腿上步

图3.8.5　向后挂剑

图3.8.6　提左腿

（6）身体向左拧转90度，随体转提左腿向前方上步，同时双手持剑经体前向身体左侧挂剑，如图3.8.7所示。

（7）身体向右拧转，提右腿向前方上步，双手持剑经体前向右侧挂剑，如图3.8.8、图3.8.9所示。

（8）身体向左拧转，提左腿向前方上步，随体转双手持剑经体前向左侧挂剑，如图3.8.10、图3.8.11所示。

图3.8.7　左腿上步

图3.8.8 提右腿

图3.8.9 上步挂剑

图3.8.10 身体左拧

图3.8.11 上步挂剑

二、习练要点

（1）注意上步挂剑与身体拧转要相结合，做到形美意浓。

（2）挂剑时要在体侧走立圆，还要注意重心的转换，在上步时切忌身体左摇右晃。

（3）上步挂剑时，双剑左上右下呈平行状。

第九式 古树盘根

古树盘根，在单剑中就有此剑法之名，比喻底盘稳固。这是一种战术转变之式。

一、拆架分解

（1）接上式，身体向右拧转，重心继续左移，提右腿向右前上步，同时双手持剑翻腕向左上方撩起，如图3.9.1所示。

图3.9.1 右腿上步

（2）身体右转，重心右移，提左腿插于右腿后，随体转身法下沉，双腿屈膝下蹲，同时双手持剑翻腕架剑，左手持剑上架于头前上方，手心向前，右手持剑上架与右肩平，手心向内，如图3.9.2、图3.9.3所示。

图3.9.2　重心右移

图3.9.3　下蹲架剑

二、习练要点

（1）转体、移重心、持剑上撩要一气呵成，使周身浑圆一气，圆转自如。

（2）盘步要屈膝松胯，架剑要松肩沉肘，双剑左上右下呈平行状。

第十式　日套三环

日套三环，是指双手持剑，随转身向下劈剑。舞剑的姿势在日光的影射下，影随身动，连续三转下劈，环环相扣，连贯流畅。

一、拆架分解

（1）接上式，身法上领，身体左转45度，重心右移，提左腿向前方上步，右手持剑向左横扫，与左剑相合于胸前，如图3.10.1、图3.10.2所示。

图3.10.1 身法上领

图3.10.2 左腿上步

（2）身体左转90度，右腿迅速向前方上一大步，左腿蹬地，重心右移，双手持剑对拉外分，右手用力下劈，如图3.10.3所示。

图3.10.3 弓腿下劈

（3）身体继续左转90度，提左腿向前方上步，双剑相合于胸前，如图3.10.4、图3.10.5所示。

图3.10.4　左腿提起

图3.10.5　左腿上步

（4）身体继续左转90度，左脚落地后，右腿迅速向前方上一大步，左腿蹬地，呈右弓步，双手持剑对拉外分，右手用力下劈，如图3.10.6所示。

图3.10.6　弓腿下劈

（5）身体继续左转90度，再次提左腿向前方上一大步，双剑相合于胸前，如图3.10.7、图3.10.8所示。

图3.10.7 双剑相合

图3.10.8 左腿上步

（6）身体继续左转90度，左脚落地后，右腿迅速向前方上一大步，左脚蹬地，呈右弓步，双手持剑对拉外分，右手持剑用力下劈，如图3.10.9所示。

图3.10.9 弓腿下劈

二、习练要点

（1）提膝时，身体要上下相合，松肩沉肘。

（2）开步时，要拧转身体，方能上下一体。

（3）下劈时双手要对拉，要蹬腿发力，扭脚，旋腰。

（4）左剑在上，右剑在下，两臂伸展呈一字形。

第十一式　黑熊翻背朝阳剑

朝阳剑，就是双剑经过翻腕划弧，上架于头部上方，有迎朝阳之势，具有神采飞扬、剑光四射之意。黑熊翻背，在该招式中，身体向右翻转，双手舞剑翻背，是转身进攻之术。

一、拆架分解

（1）接上式，身体右转90度，重心左移，右腿屈膝提起向前方上步，同时随转体右手持剑向右前下劈，左手臂向左上撩剑，如图3.11.1、图3.11.2所示。

图3.11.1　重心左移

图3.11.2　右剑下劈

（2）身体继续右转，重心右移，提左腿向前方上步，左手持剑向上，如图3.11.3、图3.11.4所示。

图3.11.3　左腿提起

图3.11.4　左腿上步

（3）身体继续右转，左手持剑由左向右横扫，双手持剑相合于体前，如图3.11.5、图3.11.6所示。

图3.11.5　身体右转

图3.11.6　双剑相合

（4）身体继续右转180度左右，左剑向上，由右向左在头顶上方云剑，右手剑由左向右横扫，如图3.11.7所示。

（5）身体稍向右拧，左脚尖里扣，右脚尖外摆，左臂翻转向左伸，右臂翻转由下向上于体右，剑尖向后，如图3.11.8所示。

（6）重心右移，左腿回收呈虚步，左手持剑翻腕向右横扫于腹前，右手翻腕在头顶上方云剑，架于右侧上方，剑尖斜向左上，目视左前方，如图3.11.9所示。

图3.11.7 左手云剑

图3.11.8 右手翻腕

图3.11.9 虚点架剑

二、习练要点

（1）翻身劈剑，要手到剑到重心到。

（2）上步转体时，双手要相应配合，力点要分明，剑法要清晰。

第十二式　左罗汉降龙

罗汉，指能断除一切烦恼，达到涅槃境界的僧人。所谓罗汉降龙，就是佛祖座下弟子迦叶尊者，法力无边，助佛祖降龙伏妖，立下不少奇功，则封其为降龙罗汉。该招式借用罗汉之名，身体向左转动，双剑由右向左横扫。

一、拆架分解

（1）接上式，身体向左拧转，提左腿向前方上步，随转体，右手持剑下截，如图3.12.1所示。

（2）身体左转约90度，随转体右腿向前方扣脚上步，右手持剑在胸前翻腕上撩，左手持剑外抹，如图3.12.2所示。

（3）身体继续左转约90度，随转体重心右移，收左腿向后撤步，同时双手划弧至身体两侧，如图3.12.3所示。

图3.12.1　双剑相合

图3.12.2　身体左转

图3.12.3　右手云剑

（4）身体继续左转90度，重心左移，右腿屈膝提起，随转体双手持剑在胸前顺时针划弧向左横扫，如图3.12.4所示。

（5）身体左转，右腿向前方上步，重心右移，同时双手持剑由左向右走上弧线，撩剑至体前上方，如图3.12.5所示。

图3.12.4 重心左移

图3.12.5 双手撩剑

（6）身体向左拧转，右腿用力蹬地，重心迅速左移，同时，双手持剑向左用力横扫，如图3.12.6所示。

图3.12.6 弓步扫剑

二、习练要点

（1）上步、下截，要浑然一气，不可分割。

（2）转体时，双手要与身法、步法相配合。

（3）双手持剑用力横扫，要蹬脚、拧腰，必须全神贯注，上下相合。

第十三式　右罗汉降龙

该招式紧接上式，身体连续向右转体，双剑由左向右横扫，是左罗汉降龙的逆向动作。

一、拆架分解

（1）接上式，身体右转90度，重心继续左移，提右腿向前方上步，重心迅速右移，同时双手持剑划弧横扫相合于腹前，如图3.13.1、图3.13.2所示。

图3.13.1　重心左移

图3.13.2　右腿上步

（2）身体迅速向右旋转约180度，提左腿向前方上步，重心迅速左移，提右腿落于左腿后侧，同时左手持剑翻腕云剑至头顶上方，右手持剑向右抹剑，如图3.13.3、图3.13.4所示。

图3.13.3　提左腿

图3.13.4　双手云剑

（3）身体继续右转90度，重心右移，同时双手持剑顺时针下截，如图3.13.5所示。

图3.13.5　双手截剑

（4）身体左转，重心左移，右腿屈膝提起，同时双手持剑翻腕上撩于体前上方，如图3.13.6所示。

（5）右腿向右前方上步，双手持剑向左下截，如图3.13.7所示。

图3.13.6 提右腿

图3.13.7 重心左移

（6）身体右转，左腿用力蹬地，重心迅速右移，同时双手持剑由左向右用力横扫，如图3.13.8所示。

图3.13.8 双剑横扫

二、习练要点

（1）随着步法的转动，双手持剑顺势划弧，须以腰为轴。

（2）双手持剑横扫，要蹬腿，拧腰，松肩沉肘。

第十四式　转身蝴蝶戏水

蝴蝶戏水，犹如蝴蝶轻舞，在水面上一起一落，与水嬉戏一般。转身蝴蝶戏水，犹如蝴蝶飞行时突然调头回转，具有“回马枪”战术之意。

一、拆架分解

（1）接上式，身体左转，右腿回收提起，同时右手持剑左扫，与左剑相合于腹前，如图3.14.1所示。

（2）身体向右拧转，右腿向前方上步，随上步双手翻腕挥剑，在体前向上划弧分至身体两侧，如图3.14.2所示。

图3.14.1　提腿合剑

图3.14.2　上右步

（3）身体右转90度，提左腿向前方上步，双手持剑随转体右左依次下劈，如图3.14.3、图3.14.4所示。

图3.14.3 提左腿

图3.14.4 上左步

（4）身体继续向右转体180度，随转体右腿迅速向后撤步，左手于头部上方云剑，如图3.14.5、图3.14.6所示。

图3.14.5 撤右腿

图3.14.6 左手云剑

（5）随着右脚落地，身体向左拧转，重心左移，两手持剑划弧下截，如图3.14.7所示。

（6）身体向右拧转，左脚蹬地，重心右移，双手持剑右扫，如图3.14.8所示。

图3.14.7　重心左移

图3.14.8　持剑右扫

（7）右脚蹬地，重心左移，双手翻腕上撩，如图3.14.9所示。

（8）身体向左拧转，右腿屈膝提起，脚尖下垂，左腿上蹬伸直，双手持剑用力左扎，目视左前，如图3.14.10所示。

图3.14.9　向上撩剑

图3.14.10　提膝扎剑

二、习练要点

（1）转体时速度要快，剑法要清晰。

（2）眼随剑法走，意在剑先。

（3）借右脚蹬地之力，左脚蹬地向左扎刺。

第十五式　黑熊翻背朝阳剑

黑熊翻背朝阳剑，是双剑中的主要典型招式。该招式虽然多次出现，但招招内涵各异，式式剑术有别。

一、拆架分解

（1）接上式，身体右转，提右脚向右后落步，同时左手持剑翻腕旋转，右手向右下劈，如图3.15.1所示。

图3.15.1　向右下劈

（2）身体右转90度，重心右移，提左腿向前内扣上步，同时右手持剑里合，左手下截，如图3.15.2所示。

（3）身体继续右转90度，重心左移，右腿提起，双手交叉相合于腹前，如图3.15.3所示。

（4）身体右转不停，右腿向后撤步，同时左手持剑由下向上至头顶云剑，右手持剑翻腕划弧，如图3.15.4所示。

图3.15.2　重心右移

图3.15.3　身体右转

图3.15.4　向上云剑

（5）身体向右拧转，重心右移，左臂翻转向左横扫，右臂翻转上撩，于体右侧，剑尖向后，如图3.15.5所示。

（6）身体左拧，左腿收回呈虚步，左手持剑翻腕向右横扫于腹前，右手翻腕在头顶上方云剑，剑尖斜向左上方，目视左前方，如图3.15.6所示。

图3.15.5　向右拧转

图3.15.6　左腿收回

二、习练要点

（1）转体、撤步与双手要相互配合，做到转体自然、撤步灵活、双手随形。

（2）双剑要与身法、步法相结合，做到灵活自然、飘洒轻柔。

第十六式　左罗汉降龙

重复是相同招式剑法的延伸和拓展，但是重复不是完全的模仿，而是剑法的精华再现。在该招式中，通过转身撤步扫剑，使对方防不胜防，可以达到出奇制胜的目的，并可增加转身的灵敏性和双剑横扫的臂力与腕力。

一、拆架分解

（1）接上式，身体向左拧转，提左腿向前方上步，右手持剑由上向左下劈剑，左剑外抹，如图3.16.1所示。

（2）身体向左转体约90度，随转体扣右脚向前方上步，右手持剑翻腕划弧，由左向右上方撩剑，左手持剑翻腕横抹至体前。如图3.16.2所示。

（3）身体继续左转90度，重心右移，提左腿向后撤步，随转体双手持剑交叉相合于体前，如图3.16.3所示。

图3.16.1　右剑下劈

图3.16.2　上右步

图3.16.3　左腿后撤

（4）身体左转，重心左移，右腿屈膝提起，双手持剑下截至身体左侧，如图3.16.4所示。

（5）身体右转，右腿向右开步，重心右移，同时双手持剑翻腕划弧，由左向右上方撩剑，如图3.16.5所示。

图3.16.4　持剑下截

图3.16.5　双手撩剑

（6）身体继续向右拧转，双手持剑下截至身体右侧，如图3.16.6所示。

（7）身体向左拧转，右脚用力蹬地，重心迅速左移，同时双手翻腕向左用力横扫，如图3.16.7所示。

图3.16.6　身体左拧

图3.16.7　向左横扫

二、习练要点

（1）转体要与松胯相结合，撤步、上步要与重心转换相结合。

（2）转体时，双手要各管半边，前后呼应，无一纰漏。

（3）双手持剑用力横扫，要右腿蹬、左腿弓，劲由根生。

（4）扫剑时要先合，然后拧腰后开，双臂与弓腿平行。

第十七式　右罗汉降龙

该招式是左罗汉降龙招式的延续动作，它与左罗汉降龙相结合，可形成声东击西、左顾右盼、左右逢源之格局，既可进攻，又能突围，双管齐下，威力无比，是招式相连的典型剑法。

一、拆架分解

（1）接上式，身体右转，重心继续左移，右腿屈膝提起，同时左手持剑上撩，右手向左横扫，如图3.17.1所示。

（2）身体右转90度，右脚外摆向前方上步，重心迅速移至右腿后，左腿提起，同时双手持剑划弧横扫相合于腹前，如图3.17.2、图3.17.3所示。

图3.17.1　右腿提起

图3.17.2　向右横扫

图3.17.3　左腿提起

（3）身体迅速腾空旋转约180度，左腿向前方上步，右腿落于左腿后侧，同时双手持剑翻腕划弧，如图3.17.4所示。

（4）身体右转90度，重心右移，随体转双手持剑由左上向右横扫，如图3.17.5所示。

图3.17.4　右转不停

图3.17.5　重心右移

（5）重心左移，右腿提起，双手持剑翻腕划弧上撩，如图3.17.6所示。

（6）身体向左拧转，右腿向右前开步，同时双手翻腕下截，如图3.17.7所示。

（7）身体向右拧转，左脚用力蹬地，重心迅速右移，同时双手持剑由左向右用力横扫，如图3.17.8所示。

图3.17.6　右腿提起

图3.17.7　翻腕化剑

图3.17.8　向右横扫

二、习练要点

（1）随着步法的转动，双手持剑顺势划弧，须以腰为轴，带动四肢运行。

（2）双手持剑横扫，要松肩沉肘，圆转自如，劲力十足。

第十八式　转身二郎担山

二郎泛指神话人物杨戬，担山是“赶太阳”的代名词。“二郎担山赶太阳”是民间的一个神话传说，寓意二郎法力非凡，神通广大，威慑天地。该招式惯用“转身”之名，不仅是战术转移，更是借担上之山外击横扫。

一、拆架分解

（1）接上式，身体向左拧转，重心左移，右腿屈膝提起，同时右手持剑向左横扫，双手交叉合于腹前，如图3.18.1所示。

（2）身体右转，右腿向前方上步，同时左手持剑外抹，右手持剑划弧上撩，至身体两侧，如图3.18.2所示。

图3.18.1 右腿提起

图3.18.2 上右步

（3）身体右转约90度，重心右移，左腿提起，同时左手持剑上撩，右手持剑下劈，如图3.18.3所示。

（4）身体继续右转约90度，左脚向前扣脚上步，重心左移，同时左剑由上向右下平扫，右手持剑外抹，如图3.18.4所示。

图3.18.3 左腿提起

图3.18.4 持剑平扫

（5）身体继续右转，右腿向后撤步，同时双手翻腕划弧上撩，如图3.18.5所示。

（6）身体右转90度，重心右移，同时双手持剑翻腕划弧上撩，如图3.18.6所示。

图3.18.5　右腿后撤

图3.18.6　双剑向上

（7）身体向左拧转，重心左移，右腿屈膝提起，同时双手持剑翻腕里合，交叉于体前，双手手心皆向下，如图3.18.7所示。

（8）右脚落地下震，两剑右上左下架于胸前，如图3.18.8所示。

图3.18.7　右脚提起

图3.18.8　双剑相交

（9）身体向左拧转，重心右移，提左腿向前开步，如图3.18.9所示。

（10）身体左转，右脚用力蹬地，重心迅速左移，同时双手持剑伸臂前推，如图3.18.10所示。

图3.18.9 向前开步

图3.18.10 弓步推剑

二、习练要点

（1）转体时，四肢要相互协调，松胯含胸。

（2）翻腕提膝，要松肩沉肘，上下相合。

（3）震脚开步，要蓄势待发。

（4）蹬地，移重心，拧腰松胯，双手持剑交叉前推，要同时到位，劲贯剑刃。

第十九式 黑熊翻背朝阳剑

该招式上接转身二郎担山，下连钟馗仗剑，中用“翻背”剑法，是指转身加舞剑，形成了不同方位的进攻体系。

一、拆架分解

（1）接上式，身体右转，收右脚向右后落步，同时左手持剑翻腕旋转，右手向右下劈，如图3.19.1所示。

（2）身体向右拧转，重心右移，左手持剑翻腕上撩，右手持剑下劈，如图3.19.2所示。

（3）身体右转90度，提左腿向前内扣上步，同时左手下劈，右手持剑外抹，如图3.19.3所示。

图3.19.1　向右下劈

图3.19.2　重心右移

图3.19.3　身体右转

（4）身体右转不停，重心左移，收右腿向后撤步，同时双手交叉相合于腹前，如图3.19.4所示。

（5）身体继续右转，重心右移，左剑由下向上云剑至头顶，右剑翻腕划弧，如图3.19.5所示。

图3.19.4　右腿后撤

图3.19.5　左手云剑

（6）身体右转，重心左移，右腿提起，左臂翻转向左下划剑，右臂翻转由下至上向头顶云剑，如图3.19.6所示。

（7）重心右移，左腿收回呈虚步，左手持剑翻腕向右横扫于腹前，右手持剑翻腕在头顶上方云剑于右前上方，剑尖斜向左上，目视左前方，如图3.19.7所示。

图3.19.6　右手云剑

图3.19.7　重心右移

二、习练要点

（1）双手翻腕开步下劈，与重心的移动要上下协调一致。

（2）转体时，要扣脚上步；双手舞剑时在身体左、右、前三个方位形成立圆，并要配合得当。

（3）转身速度要快，剑法要清晰，动作要灵活自然。

第二十式　钟馗仗剑

钟馗仗剑是单剑套路中的一个招式，被移植双剑套路之中。所谓仗，有“手持兵器击打”之解。钟馗又是守门之神，钟馗仗剑表明威严庄重，能震慑对方。

一、拆架分解

（1）接上式，身体向左拧转，左膝提起，同时右剑下截，左手持剑翻腕划弧至左前上方，如图3.20.1所示。

（2）身体继续左转，左脚下震，重心左移，提右腿向右前上步，同时双手持剑横扫，交叉相合于胸前，如图3.20.2、图3.20.3所示。

图3.20.1　左膝提起

图3.20.2　重心左移

图3.20.3　双手相合

（3）身体向右拧转下沉，左脚蹬地，重心右移，同时左手持剑向左抹剑，右手向右斜削，双手左下右上对拉至身体两侧，如图3.20.4、图3.20.5所示。

图3.20.4　向右拧转

图3.20.5　双手对拉

二、习练要点

（1）双手持剑交叉相合，与提膝开步要相迎合。

（2）身法下沉，蹬左脚，重心右移，双手打开，要一气呵成，要意在剑先，眼随剑法走。

第二十一式　古树盘根

该招式与第九式名称相同，但在动作的细节上有很大差异。第九式是双手持剑架于体前，而该招式则是双剑在体前下压，底盘更加稳固，坚如磐石。

一、拆架分解

（1）接上式，身法上领，重心左移，右手持剑由上向下斜劈，左手持剑横扫，如图3.21.1所示。

图3.21.1　立身劈剑

（2）身体左转90度，重心继续左移，提右腿向前扣脚上步，同时右手持剑翻腕划弧上撩，左手持剑外抹，如图3.21.2、图3.21.3所示。

（3）身体继续左转90度，重心右移，左腿提起向前摆脚上步，双手持剑右下左上于体前，如图3.21.4、图3.21.5所示。

图3.21.2 提腿横扫

图3.21.3 右手云剑

图3.21.4 重心右移

图3.21.5 左腿上步

（4）身体左转90度，重心左移，提右腿向前方上步，同时双剑顺时针划弧上撩，于体前上方，如图3.21.6、图3.21.7所示。

图3.21.6　重心左移

图3.21.7　上步撩剑

（5）身体左转，重心右移，提左腿迅速插于右腿后边，盘步下蹲呈歇步，同时双手持剑下劈，如图3.21.8、图3.21.9所示。

图3.21.8　左腿后插

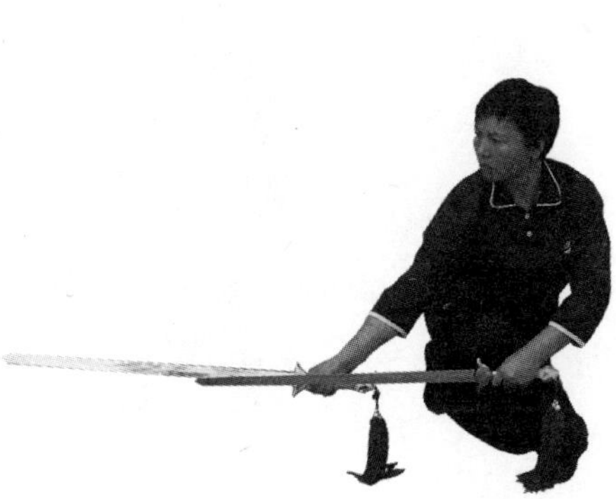

图3.21.9　歇步劈剑

二、习练要点

（1）身法和步法相配合，双手要随体转运剑，周身要上下一体。

（2）经左转后迅速右转，做到飘洒轻柔不呆滞。

第二十二式 翻身下劈剑

翻身下劈剑，是身体旋转后，迅速将剑下劈，具有迅猛雄烈、飘洒轻柔、优美舒展之感。

一、拆架分解

（1）接上式，身法上领，身体向左拧转，如图3.22.1所示。

（2）右脚用力下蹬，左腿提起，身体上跃旋转180度，同时双手持剑划弧上撩，如图3.22.2所示。

图3.22.1 身法上领

图3.22.2 身体上跃旋转

（3）双脚左右先后落地，如图3.22.3所示。

（4）身体向左拧转，重心迅速右移，双手持剑下劈，目视右前方，如图3.22.4所示。

图3.22.3　双脚落地

图3.22.4　双剑下劈

二、习练要点

要右脚用力蹬地，左腿提起上跃使身体翻转，双手持剑顺势划弧向下抡劈。

第二十三式　黑熊翻背朝阳剑

在双剑套路中，该招式具有快、慢、缓、急的剑法特点。缓时则运剑蓄积，快时则连续转身翻背，具有短兵相接之感。上式是翻身下劈，该招式是翻背运剑上撩，千变万化，主动在先。

一、拆架分解

（1）接上式，身体右转，左脚尖里扣，重心左移，右脚提起，同时左手持剑外抹，右手翻腕向上划弧，如图3.23.1、图3.23.2所示。

图3.23.1　重心左移

图3.23.2　收脚转体

（2）身体继续右转，右脚向右开步，同时左手翻腕上撩，右手持剑下劈，如图3.23.3所示。

（3）身体右转不停，重心右移，提左腿向前内扣上步，同时左手持剑下截，右手持剑里合，双手交叉于腹前，如图3.23.4所示。

（4）身体继续右转，重心左移，收右腿向后撤步，同时，左手持剑由下向头顶上方云剑，右手持剑翻腕划弧外抹，如图3.23.5所示。

图3.23.3　右剑下劈

图3.23.4　左剑下截

图3.23.5　左手云剑

（5）身体向右拧转，重心右移，收左腿于体前半步呈虚步，左手持剑翻腕向右横扫于腹前，右臂翻转由下向头顶云剑，于右上方，剑尖斜向左上，目视左前方，如图3.23.6、图3.23.7所示。

图3.23.6　右手云剑

图3.23.7　松左胯

二、习练要点

（1）转体运剑，要周身相合，身手步要协调。

（2）舞剑一是要快捷，二是剑法要清晰。持剑向上，虚步点地，具有藐视对方之意。

第二十四式　古树盘根

前式古树盘根，是接钟馗仗剑，而本招式接的是黑熊翻背，由于所接的招式一个是歇步，一个是虚步，一个是高身法，一个是低身法，体位不同，所以剑法也就随之变化。

一、拆架分解

（1）接上式，身体向左拧转，提左腿向右前蹬出，右手持剑由上向左前下劈，如图3.24.1所示。

（2）身体继续左转，提右腿向前扣脚上步，同时右手持剑翻转划弧上撩，左手向左外抹，如图3.24.2所示。

（3）重心右移，同时双手持剑翻腕上撩至右前上方，如图3.24.3所示。

图3.24.1　左剑下劈

图3.24.2　向左转体

图3.24.3　重心右移

（4）身体继续左转，左脚垫步，重心左移，同时双手持剑由右向左横扫，如图3.24.4、图3.24.5所示。

图3.24.4　左脚垫步

图3.24.5　双剑横扫

（5）身体继续左转，提右腿向右开步，同时双手持剑翻腕上撩至体前上方，如图3.24.6、图3.24.7所示。

图3.24.6 提右腿

图3.24.7 双剑上撩

（6）重心迅速右移，左腿向右腿后插步，身体下蹲呈歇步，同时双手持剑下劈，目视右侧，如图3.24.8、图3.24.9所示。

图3.24.8 左腿后撤

图3.24.9 双剑下劈

二、习练要点

（1）上左步、右手持剑下劈，要协调一致。

（2）转体时，双手要相应配合，使周身浑圆一气。

（3）盘步下蹲，要松肩沉肘，屈膝松胯，身体既上领也要下塌。

第二十五式　左翻身下劈剑

从套路名称上看，就很清楚该招式是向左翻身劈剑的一个招式。它既表现了双剑的特点，又展示了劈剑的风采。

一、拆架分解

（1）接上式，身法上领，身体向左拧转，右腿下蹬，左腿提起，身体腾空跃起，随体转双手持剑向上划弧，如图3.25.1、图3.25.2所示。

图3.25.1　身法上领

图3.25.2　向上跳起

（2）左脚落地后，右腿迅速向右开步，重心落在左腿，如图3.25.3所示。

（3）左脚蹬地，重心迅速右移，同时双剑用力下劈，目视右前方，如图3.25.4所示。

图3.25.3　左脚落地

图3.25.4　双剑下劈

二、习练要点

要右脚用力蹬地，左腿提起上跃使身体翻转，双手持剑顺势划弧向下抡劈。

第二十六式　右翻身下劈剑

右翻身下劈剑，是左翻身下劈剑的逆向招式。在左右翻身劈剑中，均是先呈歇步后，再分别向左右翻身劈剑，这样先蓄后放，威慑力量强。

一、拆架分解

（1）接上式，身体右转，重心左移，右腿屈膝提起，同时右手向左横扫于腹前，左手持剑翻腕上撩，如图3.26.1所示。

（2）身体继续右转，右腿向前方摆脚上步，重心右移，左手持剑向右前下劈，如图3.26.2所示。

图3.26.1　右剑横扫

图3.26.2　左剑下劈

（3）身体继续右转，左脚内扣上步，重心迅速左移，同时左手持剑翻腕上撩，右手持剑外抹，如图3.26.3、图3.26.4所示。

图3.26.3　上左步

图3.26.4　重心左移

（4）身体右转约180度，左脚蹬地，收右腿向右后撤步，重心迅速右移，左膝提起，同时随体转双手向右横扫，如图3.26.5所示。

（5）身法下沉，左脚向前方上一大步，右脚迅速向左后插步，同时双手持剑逆时针向下劈剑，如图3.26.6、图3.26.7所示。

图3.26.5 提左膝

图3.26.6 右脚后撤

图3.26.7 双剑下劈

（6）身法上领，左脚蹬地，右腿提起，身体腾空上跃翻转，随体转双手持剑划弧上撩，如图3.26.8、图3.26.9所示。

（7）右左脚先后落地，重心迅速左移，同时双剑用力下劈，目视左前方，如图3.26.10、图3.26.11所示。

图3.26.8 身法上领

图3.26.9　身体上跃

图3.26.10　双剑下劈

图3.26.11　重心左移

二、习练要点

（1）上步转身要与双手舞剑相配合，要协调一致。

（2）转体时，步法要扣脚与外摆，结合双手向右横扫要协调。

（3）插步，身法下沉与向下压剑，要相应配合，屈膝松胯。

（4）翻身下劈，要左脚用力蹬地，右腿提起上跃，使身体翻转，双手持剑顺势抡劈，配合翻转要协调一致。眼随剑法走，意在剑先。

第二十七式　转身朝阳剑

转身朝阳剑，是通过身体的旋转与双剑的配合，既增加了动作的婉转性，也体现了动作的灵活性和柔韧性。

一、拆架分解

（1）接上式，身体左转90度，重心右移，收左脚向后撤步，同时左手持剑向右横扫于腹前，右手持剑翻腕划弧上撩，如图3.27.1、图3.27.2所示。

图3.27.1　右剑下劈

图3.27.2　重心右移

（2）身体向左拧转，重心左移，同时右手持剑向左下劈，如图3.27.3所示。

（3）身体向右拧转，右膝上提，同时左剑外抹，右手翻腕上撩，如图3.27.4所示。

（4）身体继续右转，右脚向前方上步，重心右移，同时右手持剑下劈，左手持剑划弧上撩，如图3.27.5所示。

图3.27.3　身体右转

图3.27.4　翻腕上撩

图3.27.5　右剑下劈

（5）身体继续右转，重心继续右移，左脚内扣上步，同时左剑下劈，右手持剑向左横扫，如图3.27.6所示。

（6）重心左移，收右腿向后撤步，同时左手持剑向头顶云剑，右手持剑在腹前翻腕划弧，如图3.27.7所示。

（7）身体右转，重心右移，收左腿至体前半步呈虚步，同时左臂翻转向右横扫，右臂翻转向头顶云剑于右侧上方，剑尖斜向左上，目视左前方，如图3.27.8、图3.27.9所示。

图3.27.6 右剑横扫

图3.27.7 右腿后撤

图3.27.8 右手云剑

图3.27.9 左手横扫

二、习练要点

（1）双手持剑翻转挥舞形如剪刀，手脚要协调一致。眼随剑法走，意在剑先。

（2）转身双手持剑在头顶盘旋，要沉肩坠肘，翻腕旋臂，剑法要清晰。

第二十八式　左右磨盘剑

磨盘，原指前人用两块圆形石质材料叠放在一起，推动上部磨盘，可以用来加工食物。在该招式中则是指身体的左右旋转，如磨盘旋转之意。该式通过左右转体，伺机攻击对方。

一、拆架分解

（1）接上式，身体向左拧转，提左腿向前方上步，右手持剑向左下斜劈，双手相合于腹前，如图3.28.1所示。

（2）身体向右拧转，重心左移，右腿提起，同时右手持剑翻腕上撩，左手持剑外抹，如图3.28.2所示。

图3.28.1　右剑下劈

图3.28.2　提右腿

（3）右脚向前方上步，重心随即右移，同时右手持剑划弧向左横扫于腹前，左手持剑翻腕向右下劈，如图3.28.3所示。

（4）身体向左拧转，左腿上步，右腿提起，同时双手持剑划弧上撩于左前上方，如图3.28.4所示。

图3.28.3　左剑下劈

图3.28.4　双剑上撩

（5）提右腿向右开步，双手持剑下截，如图3.28.5所示。

（6）身体向右拧转，重心右移，同时左手持剑向右横扫，右手持剑翻腕划弧上撩，如图3.28.6所示。

图3.28.5　弓步下截

图3.28.6　持剑上撩

（7）身体左转，左、右腿交替向前方上步，向左走圆，双臂合肘前推，如图3.28.7、图3.28.8、图3.28.9所示。

图3.28.7　左腿提起

图3.28.8　左腿上步

图3.28.9　上步走圆

（8）身体走一圈后，重心右移，左腿提起向前方上一大步，如图3.28.10、图3.28.11所示。

图3.28.10　左腿提起

图3.28.11　左腿上步

（9）身体向左拧转，重心左移，双手持剑向左划弧横扫，如图3.28.12所示。

（10）身体向右拧转，重心右移，双手持剑翻腕划弧上撩，如图3.28.13、图3.28.14所示。

（11）身体左转，重心左移呈左弓步，双剑划弧一圈到达身体右下后，随转体双剑向左横扫至身体左侧，如图3.28.15所示。

图3.28.12 由上到下

（12）身体向右拧转，右脚尖里扣，左手持剑向上撩起，剑尖朝上，右手持剑合于胸前，剑尖朝左后方，如图3.28.16所示。

（13）身体向右拧转，重心继续左移，右脚尖外摆，左、右腿交替向右走一圈，同时双臂里合前推，如图3.28.17、图3.28.18、图3.28.19所示。

图3.28.13 由左向右

图3.28.14 划弧到右

图3.28.15　横扫至左

图3.28.16　双剑上撩

图3.28.17　左腿提起

图3.28.18　转体上步

图3.28.19　转体提腿

二、习练要点

（1）双手在体前交替翻转上撩下截，要与上步相协调。

（2）开步要与双手撩剑对称一致。

（3）双腿交替向前方上步走圆，双臂要合肘前推。

第二十九式　霸王举鼎

项羽被人称为西楚霸王，后人对其有“羽之神勇，千古无二”的评价。鼎，古代烹煮用的器物，现置于宗庙作为铭功、记绩的礼器，或置于宗庙和神像前，作为上香的香炉。霸王举鼎在此为双剑上举，架于头部上方。

一、拆架分解

（1）接上式，身体向右拧转，右腿向右开一大步，重心右移，右手持剑外抹，左手持剑向右横扫，如图3.29.1、图3.29.2所示。

图3.29.1　右腿后撤

图3.29.2　重心右移

（2）身体向左拧转，左腿回收呈虚步，同时双手持剑翻腕里合十字交叉于胸前，如图3.29.3所示。

（3）右脚用力蹬地，双手迅速用力向上举起，架剑于头部上方，如图3.29.4所示。

图3.29.3　双剑交叉

图3.29.4　用力上举

二、习练要点

（1）收步和双手持剑翻转要协调一致。

（2）蹬腿、拧腰、上架要上下相合，周身一家。

第三十式　白蛇吐信

白蛇吐信在单剑套路中，是双手抱剑前刺，在双剑套路中，是双手对拉，左手持剑屈肘后击，右手持剑向前猛刺，形象地用肢体将白蛇的秀气和稳中取胜的姿态表达出来。

一、拆架分解

（1）接上式，身体向左拧转，左腿屈膝提起，同时双手持剑翻腕里合于腰间，如图3.30.1所示。

（2）身体继续左转，左脚落地下震，提右腿向前开一大步，如图3.30.2、图3.30.3所示。

（3）身体向左拧转，左脚用力蹬地，重心迅速右移，同时左手持剑屈肘后击，右手持剑向右猛刺，如图3.30.4所示。

图3.30.1　左腿提起

图3.30.2　右腿提起

图3.30.3　向前开步

图3.30.4　向右猛刺

二、习练要点

（1）转身、提腿、收剑要一致。

（2）向前上步时，须以腰为轴，蓄势待发。

（3）向前刺剑时，要蹬脚、移重心、转腰、对拉、前刺为一体，力达剑尖。

第三十一式　护膝剑

护膝剑，看似一种以守为主的招式，实质上是一种进攻招式。身体一直向前，双臂在身前交叉舞剑护身，左、右腿连续向前方上步，具有步步相逼之意。

一、拆架分解

（1）接上式，身体左转180度，左脚尖外摆，重心左移，同时左手持剑翻腕里合，右手持剑向左前下截，如图3.31.1所示。

（2）身体左拧，提右膝向前方上步，同时右手持剑翻腕下劈，左手持剑翻腕划弧上撩，如图3.31.2所示。

（3）身体向右拧转，重心右移，同时右手里合，左手持剑向右前下截，如图3.31.3所示。

图3.31.1　右剑下截

（4）身体先右后左转，提左腿向前方上步，重心左移，左手持剑向右横扫，右手持剑翻腕上撩向左下截，如图3.31.4、图3.31.5所示。

图3.31.2 右剑下劈

图3.31.3 左剑下截

图3.31.4 左剑下劈

图3.31.5 身体左拧

（5）身体右转，提右腿向前方上步，重心右移，同时右手持剑向左横扫，左手持剑翻腕划弧向右下截，双手交叉相合于腹前，如图3.31.6、图3.31.7所示。

图3.31.6　上右步

图3.31.7　左剑下截

（6）身体向左拧转，提左腿向前方上步，重心左移，同时左手持剑向右横扫，右手持剑翻腕划弧上撩向左下截，如图3.31.8、图3.31.9所示。

图3.31.8　右剑上撩

图3.31.9　左剑横扫

（7）身体右转，提右腿向前方上步，重心右移，同时右手持剑向左横扫，左手持剑翻腕上撩向右下截，如图3.31.10、图3.31.11所示。

图3.31.10　上右步

图3.31.11　左剑下截

（8）身体向左拧转，提左腿向前方上步，重心左移，同时左手持剑向右横扫，右手持剑划弧上撩向左下截，如图3.31.12、图3.31.13所示。

图3.31.12　上左步

图3.31.13　右剑下截

二、习练要点

（1）双手持剑形如剪刀阴阳相合，在体前交替挥舞，要与上步和身法协调一致。

（2）舞剑时，剑法要清晰。松肩沉肘，圆转自如。练习时先一是一，二是二，弄懂剑法的来龙去脉，熟练后再加快速度。

第三十二式　左凤凰双展翅

左凤凰双展翅，是指身体在向左转的情况下，双手持剑双分上举，形如孔雀开屏。

一、拆架分解

（1）接上式，身体向左拧转，提右腿扣脚开步，同时右手持剑划弧翻腕下劈，左手持剑外抹，如图3.32.1所示。

（2）身体左转，重心右移，左膝提起，左脚尖外摆向前踹出，同时双手持剑横扫交叉于胸前，如图3.32.2、图3.32.3所示。

图3.32.1　右剑下劈

图3.32.2　提左膝

图3.32.3　双剑横扫

（3）身体继续左转，重心左移，右腿提起，同时双手举剑上架，如图3.32.4所示。

（4）身法下沉，右脚下落在左腿前盖步，双腿屈膝下蹲，同时，双手持剑划弧对分至身体两侧，目视左前方，如图3.32.5、图3.32.6所示。

图3.32.4　右腿提起

图3.32.5　右脚盖步

图3.32.6　身法下沉

二、习练要点

（1）左脚向前外摆上步，双手持剑顺势划弧，须以腰为中心。

（2）转体要立身中正，全神贯注，上下相合。

（3）提腿和双手持剑翻转要协调一致。眼随剑法走，意在剑先。

（4）身法下沉与双手开合相一致，要顶劲虚领，松肩沉肘，屈膝松胯。

第三十三式　右凤凰双展翅

右凤凰双展翅是左凤凰双展翅的逆向招式，它是身体右转，然后外分举剑。左右凤凰双展翅动作婉转优美，柔媚刚毅。

一、拆架分解

（1）接上式，身体向右拧转，提右腿向后开步，同时右手向左横扫，左手持剑上撩，如图3.33.1所示。

（2）身体继续向右拧转，重心右移，右手持剑向左横扫，左手持剑下截，如图3.33.2所示。

图3.33.1　向右拧转

图3.33.2　左剑下截

（3）身体向右旋转一周，提左腿向前扣脚上步，右腿后撤，随体转双手持剑翻腕逆时针上撩于体前，如图3.33.3、图3.33.4、图3.33.5所示。

图3.33.3 上左步

图3.33.4 双手划弧

图3.33.5 右腿后撤

（4）身体继续右转，重心右移，左腿提起，同时双手举剑上架，如图3.33.6所示。

（5）身法下沉，左脚下落于右腿前盖步，双腿屈膝下蹲，同时双手持剑划弧对分至身体两侧，目视右前方，如图3.33.7所示。

图3.33.6　左腿提起

图3.33.7　屈膝下蹲

二、习练要点

（1）转体时，双手持剑随步法运转，相应配合，使周身浑圆一气。

（2）身法下沉与双手的开合相一致，要顶劲领起，松肩沉肘。

第三十四式　转身朝阳剑

转身朝阳剑，是在凤凰双展翅的基础上，连续向前方上步后，转身翻转舞剑的动作，表明来势凶猛不可抵挡，气势宏伟，具有气势逼人之感。

一、拆架分解

（1）接上式，身体左转90度，提左腿向左上步，重心左移，同时左手持剑向右横扫，右手持剑向左下劈，如图3.34.1所示。

（2）身体右转，提右腿向前方上步，同时右手持剑翻腕划弧向前下劈，左手持剑翻腕划弧上撩，如图3.34.2所示。

图3.34.1　右剑下劈

图3.34.2　左腿上步

（3）身体向右转体90度，提左腿向前扣脚上步，重心左移，同时右手持剑横扫，左手持剑下劈，随体转双手交叉相合于腹前，如图3.34.3、图3.34.4所示。

图3.34.3　左剑下劈

图3.34.4　身体右转

（4）身体继续右转，提右腿向后撤步，重心右移，同时左手持剑向头顶云剑，右手持剑外抹，如图3.34.5、图3.34.6所示。

图3.34.5　右腿后撤

图3.34.6　右转不停

（5）身体向左拧转，左手持剑向头顶上方云剑，如图3.34.7所示。

（6）身体左转，重心右移，收左腿于体前呈虚步，同时右手持剑划弧向头顶云剑后翻腕于右前上方，左手持剑向右横扫于腹前，如图3.34.8、图3.34.9所示。

图3.34.7　左手云剑

图3.34.8　右手云剑

图3.34.9　左剑横扫

二、习练要点

双手持剑翻转和连续转身的步法，要协调一致。眼随剑法走，意在剑先。

第三十五式 连环刺虎

连环属于明清枪法术语，比喻互相接续。双剑用连环刺虎，是指左右两剑交互向前刺出的剑势。

一、拆架分解

（1）接上式，身体向右拧转，重心左移，提右腿向前方上步，同时双手持剑翻腕合于腰间，如图3.35.1所示。

（2）身体向左拧转，重心迅速右移，同时，右手持剑前刺，左手持剑屈肘后击，如图3.35.2所示。

图3.35.1 上右步

图3.35.2 右剑前刺

（3）身体右转，重心右移，提左腿向前方上步，同时双手持剑收回，如图3.35.3、图3.35.4所示。

图3.35.3　上左步

图3.35.4　双手收回

（4）身体向右拧转，重心迅速左移，同时左手持剑前刺，右手持剑屈肘后击，如图3.35.5所示。

（5）身体向左拧转，提右腿向前方上步，同时双手持剑收回合于腰间，如图3.35.6、图3.35.7所示。

（6）身体继续向左拧转，重心迅速右移，同时右手持剑前刺，左手持剑屈肘后击，如图3.35.8所示。

图3.35.5　左剑前刺

图3.35.6　提右腿

图3.35.7　双手收回

图3.35.8　右剑前刺

（7）身体右转，提左腿向前方上步，同时双手持剑收回，如图3.35.9、图3.35.10所示。

（8）身体向右拧转，重心迅速左移，同时左手持剑前刺，右手持剑屈肘后击，如图3.35.11所示。

图3.35.9　提左腿

图3.35.10　左腿上步

图3.35.11　左剑刺出

（9）身体向左拧转，提右腿向前方上步，同时双手持剑收回合腰间，如图3.35.12、图3.35.13所示。

（10）身体继续向左拧转，重心迅速右移，同时右手持剑前刺，左手持剑屈肘后击，如图3.35.14所示。

图3.35.12　提右腿　图3.35.13　双手收回　图3.35.14　右剑前刺

二、习练要点

（1）向前上步时，重心要稳。

（2）交互刺剑时，手与腿相配合，并且是右腿上步，右手持剑前刺，左腿上步，左手持剑前刺。

（3）向前刺剑时，蹬脚、移重心、转腰、对拉、前刺为一体，力达剑尖。

第三十六式　左右双舞剑

左右双舞剑，是双剑套路中唯一的一个后撤步剑法，它是在两腿后撤的同时，左右手持剑在身前下劈上撩。这看上去是一种撤退的招式，实际是后发制人的一种战术。

一、拆架分解

（1）接上式，身体向左拧转，重心左移，同时左手持剑向右横扫，右手持剑向左下截，如图3.36.1所示。

（2）身体向右拧转，右手持剑翻腕下劈，左手持剑翻腕划弧上撩，如图3.36.2所示。

（3）右腿向后撤步，右手持剑向左横扫，左手持剑向左下截，如图3.36.3所示。

图3.36.1 右剑下截

图3.36.2 右剑下劈

图3.36.3 左剑下截

（4）身体向左拧转，重心右移，收左腿向后撤步，同时左手持剑翻腕划弧向右横扫，右手持剑翻腕划弧向左下截，如图3.36.4、图3.36.5所示。

（5）身体向右拧转，重心左移，收右腿向后撤步，同时右手持剑翻腕向前下劈，左手持剑翻腕上撩下截，如图3.36.6、图3.36.7所示。

图3.36.4　收左腿

图3.36.5　右剑下截

图3.36.6　右剑下劈

图3.36.7　左剑下截

（6）身体向左拧转，重心移至右腿，收左腿向后撤步，同时左手持剑翻腕划弧横扫，右手持剑翻腕划弧向左下截，如图3.36.8、图3.36.9所示。

图3.36.8 收左腿

图3.36.9 右剑下截

（7）身体向右拧转，重心左移，收右腿向后撤步，同时右手持剑翻腕划弧向左横扫，左手持剑翻腕上撩下截，双手交叉相合于体前，如图3.36.10、图3.36.11所示。

图3.36.10 收右腿

图3.36.11 交叉相合

（8）身体左转，重心右移，提左腿向后撤步，同时左手持剑划弧向右横扫，右手持剑向左下截，双手交叉相合于体前，如图3.36.12、图3.36.13所示。

图3.36.12　双手划弧

图3.36.13　双手交叉

（9）身体向右拧转，重心左移，收右腿向后撤步，同时右手持剑翻腕下劈横扫，左手持剑翻腕划弧向右下截，如图3.36.14、图3.36.15所示。

图3.36.14　右剑下劈

图3.36.15　左剑下截

（10）身体左转，重心移至右腿，左腿收起，同时双手持剑左前右后翻腕划弧上撩，如图3.36.16所示。

（11）身体继续左转，提左腿向后撤步，同时左手持剑翻腕向右横扫，右手持剑翻腕划弧向左前下截，如图3.36.17所示。

图3.36.16　收左腿

图3.36.17　左剑下截

二、习练要点

（1）撤步时，应以髋关节为转动点，使骨盆绕一侧髋关节的垂直轴做侧向转动。

（2）双手持剑在体前挥舞时，要与退步和身法协调一致。

（3）双剑挥舞时要松肩沉肘，圆转自如。

（4）练习时可不受后撤步数的多少限制，锻炼撤步与舞剑的协调性。

第三十七式　左盘龙剑

所谓盘龙，古代寓意纹样，样式为盘曲的龙，也称为盘屈交结之龙。在这里，比喻身体左转，左腿在前右腿盘后坐，双剑外分。

一、拆架分解

（1）接上式，身体向左拧转，重心左移，提右脚里扣上步，同时双手持剑翻腕划弧上撩至身体两侧，如图3.37.1所示。

（2）身体左转90度，重心右移，左脚收起外摆，同时右手持剑翻腕划弧，左手持剑翻腕外抹，如图3.37.2所示。

图3.37.1　向左转体

图3.37.2　左脚提起

（3）身体继续左转，左脚在左前方落步，右腿向左旋转合于左腿后，同时双手持剑横扫交叉相合于胸前，如图3.37.3所示。

（4）身法下沉，双腿呈坐盘势，同时右手持剑向右上撩，左手持剑向左下外抹，双手对分于身体两侧，如图3.37.4所示。

图3.37.3 双手交叉

图3.37.4 身法下沉

二、习练要点

（1）身体的转动，要与双脚的扣摆相配合。

（2）身法下沉时要呈螺旋形，双腿自然呈坐盘势交叉下蹲，双手持剑必须相配合，做到缩身如刺猬。

第三十八式 右卧虎剑

卧虎，比喻老虎盘坐在地上，威风凛凛。在《后汉书·酷吏传·董宣》中，京师号董宣为卧虎。该招式与左盘龙剑相结合，是低位打击对手的剑法。

一、拆架分解

（1）接上式，身法上领，身体右转，提右腿向前方上步，同时右手持剑向左横扫，左手持剑翻腕下截，如图3.38.1、图3.38.2所示。

图3.38.1 提右腿

图3.38.2 左剑下截

（2）身体右转，重心右移，提左脚里扣上步，同时左手持剑翻腕划弧上撩，右手持剑外抹，如图3.38.3所示。

（3）身体继续右转，重心左移，两手持剑翻腕划弧分于身体两侧，如图3.38.4所示。

图3.38.3 上左步

图3.38.4 双手分剑

（4）随身体右转，收右脚向体前外摆调步，左腿旋转于右腿后，同时双手持剑划弧相合于胸前，如图3.38.5所示。

（5）身法下沉，双腿呈坐盘势，同时右手持剑外抹，左手持剑向左上撩，同时双手对分于身体两侧，如图3.38.6所示。

图3.38.5　旋转交叉

图3.38.6　身法下沉

二、习练要点

（1）身体的转动，要与双脚的扣摆相配合。

（2）身法下沉时要呈螺旋形，双腿自然呈坐盘势交叉下蹲，双手持剑必须相配合，做到缩身如刺猬。

第三十九式　狮子滚绣球

相传，“狮子滚绣球”起源于南北朝的一场战争。当时宗悫为先锋，接连受挫后，命部下制作狮子头套和面具戴于头上，身披黄衣，敌方以为是狮子冲过来了，败阵而逃。这种作战方法，逐渐在民间演绎为狮子送祥瑞的习俗。

一、拆架分解

（1）接上式，身法上领，左腿提起，向前方踹出盖步，同时右手持剑翻腕向左横扫，左手持剑向右下截，如图3.39.1所示。

（2）身体向左拧转，重心左移，左手持剑翻腕划弧向左前划弧上撩，右手持剑外抹，如图3.39.2所示。

图3.39.1 左剑下截

图3.39.2 重心左移

（3）身体左转，扣右脚上步，同时双手持剑翻腕划弧上撩，如图3.39.3所示。

（4）身体向右拧转，重心右移，左腿提起，同时右手持剑翻腕外抹，左手持剑翻腕划弧上撩，如图3.39.4所示。

图3.39.3 扣脚上步

图3.39.4 提左腿

（5）身体向左拧转，左右脚交替上步，同时左手持剑下劈，右手持剑翻腕划弧上撩，如图3.39.5所示。

（6）身体向右拧转，重心右移，左腿提起，同时左手持剑翻腕划弧上撩，右剑下截，如图3.39.6所示。

图3.39.5　左劈上撩

图3.39.6　左撩右截

（7）随着身体的拧转，同上动作，左右脚交替上步走圆，同时双手持剑在体前交替翻转划圆，如图3.39.7、图3.39.8、图3.39.9、图3.39.10所示。

图3.39.7　重心左移

图3.39.8　双手划圆

图3.39.9　上左步

图3.39.10　右剑上撩

二、习练要点

（1）随着步法的变动，双手在体前连续划立圆运行。

（2）要立身中正，全神贯注，既上领也要下塌，上下要互相配合。

（3）当手运行到头部时，不要为了让剑过顶而低头弯腰。

第四十式　拨云望日

拨云望日，原指将云雾拨去，见到太阳，有着胜利在望之意。在此招式中，是双手持剑在体前顺时针划圆横扫，然后利用顺时针旋转的力量向右扎刺，一切邪恶被除，光明就要出现。

一、拆架分解

（1）接上式，身体左转，重心左移，右腿提起，同时双手持剑翻腕向左横扫，如图3.40.1所示。

（2）身体右转，提右腿向右横开一大步，重心右移，同时双手持剑翻腕划弧上撩，如图3.40.2、图3.40.3所示。

（3）身体向左拧转，重心左移，同时双手持剑翻腕划弧向左横扫，如图3.40.4所示。

图3.40.1　提右腿

图3.40.2　向右开步

图3.40.3　双剑上撩

图3.40.4　重心左移

（4）身体先左后右转，左脚用力蹬地，重心迅速右移，同时双手持剑翻腕划弧向右上方扎刺，如图3.40.5、图3.40.6所示。

图3.40.5　左脚蹬地

图3.40.6　双剑扎刺

二、习练要点

双手持剑要顺时针划圆，要配合重心的移动，顺势借力。

第四十一式　怀中抱月

怀中抱月，出自《心武残编》的象棋残局，红黑双方鏖战后，握手言和，意寓分久必合之象。正如该招式，将双剑合一，抱在怀里，不再对战。

一、拆架分解

（1）接上式，双手在胸前相合，左手把剑先交于右手中，双剑并起，如图3.41.1所示。

（2）左手翻腕向上，右手持双剑，翻腕合于左掌中，如图3.41.2所示。

图3.41.1　双剑相合

图3.41.2　翻腕接剑

（3）左手翻腕上提，反握双剑，右手变剑指，与左手对分至身体两侧，如图3.41.3、图3.41.4所示。

图3.41.3　左手反握双剑

图3.41.4　双手对分

（4）身体左转，重心左移，收右脚，两脚间距与肩同宽，同时双手划弧相合，双臂下垂至身体两侧，如图3.41.5、图3.41.6所示。

图3.41.5　重心左移

图3.41.6　双臂下垂

二、习练要点

（1）双手持剑交接时，左手先把剑交给右手，右手再翻剑，交于左手中。

（2）右手变剑指，与前面相呼应。

（3）左手接剑后，顺势翻腕划弧将剑平贴于左小臂。

（4）双手归原后，右腿收起，心气收敛，周身浑圆一体。

第四十二式　收势

双剑收势，也同拳理。如把起势喻为春天的播种，盘架是夏天的耕作，那么收势就是秋收冬藏。演练阶段是内劲所生、内劲所运的积累过程，收势则是内劲积蓄的过程，是太极归一的最终结果。

一、拆架分解

（1）接上式，重心右移，收左腿于右脚内侧，如图3.42.1、图3.42.2所示。

（2）身体自然站立，如图3.42.3所示。

图3.42.1　重心右移

图3.42.2　双脚并拢

图3.42.3　自然站立

二、习练要点

自然而立，虚领顶劲，津液下咽，气归丹田，神舒体静。左腿收起，当心平气和后，方可收起站立。

参考文献

[1] 白玉林. 随书解读. 北京：华龄出版社，2006.

[2] 人民体育出版社. 太极剑运动. 北京：人民体育出版社，1997.

[3] 李德印. 太极剑入门. 北京：人民体育出版社，2005.

[4] 武冬. 太极剑全书. 北京：北京体育大学出版社，1999.

[5] 李雅轩. 武当太极剑精解. 成都：四川科学技术出版社，2010.

[6] 吴图南. 太极剑. 太原：山西科学技术出版社，2004.